幸せを届けに

五輪ランナー・小鴨由水　もう一つのゴール

光本宣史

海鳥社

カバー、本扉写真（撮影・廣田修宏）
九州ダックスのメンバーと大濠公園を走る。中央が小鴨由水

プロローグ

楽しそうに話し、そしてよく笑う。

バルセロナ五輪女子マラソン代表。しかし、息苦しくなるような威圧感があるわけでも、独特のオーラをまとっているわけでもない。

取材場所のファミリーレストランで、「こんにちはー」と言いながら席につく時には、いつも笑顔が広がっている。その微笑みに誘われてこちらの顔も、ついほころぶ。

初めて小鴨由水《こかもゆみ》に出会ったのは、二〇一四年六月。ある企業の社内誌で「マラソンの始め方」について話を聞くためであった。小鴨が講師を務める西日本短期大学の食堂での取材は、一時間足らず。このときのことは、正直それほど印象に残っていない。

二度目に会ったのは、二〇一五年一〇月。当時、編集長の肩書で関わっていたフリーペーパーで取材を依頼し、福岡で活躍する女性として紹介した。初マラソンだった一九九二年の大阪国際女子マラソンを日本最高記録で優勝。半年後のバルセロナ五輪での惨敗と突然の引退。福岡に拠点を移しての再挑戦。結婚と出産。夫との離婚と死別。そして今でも走り続けていること……。

「九州や出身地（兵庫県明石市）の関西だけでなく、東北や北海道などからも市民マラソンのゲストランナーとして呼んでいただいているんです。高橋（尚子）さんや有森（裕子）さんなどのメダリストを呼ぶとお金がかかるけど、私クラスだとそうでもないからですかね。フフフフ……」

なぜ、今でもそんなにゲストランナーの依頼が続くのだろうか。

「マラソンでオリンピックに出た選手の中で今も走っている人、特にフルマラソンを走れる人が少ないんですよ。あとは無名でいきなり日本最高記録を出した人ということでインパクトがあるのかもしれませんね。（五輪代表選考で揉めた）松野（明美）さんのことを話すと、『ああ、あの時の』と思い出してもらえる。そういう形であっても、覚えてもらっているのはありがたいことです」

前年から生命保険会社に就職し、セールスレディとしても働いているという。初めて経験する営業の仕事ということだったが、その話をする表情からは充実感が伝わってきた。

「これまでは走ってばかりで仕事らしい仕事は、ほとんどしてこなかったじゃないですか。営業も初めての経験だからどうなるかと思っていたんですけど、走ることと営業の仕事は一緒だな、と最近思うんです」

どういうことですか。思わず身を乗り出す。

「営業は契約が取れる、取れないで白黒がつきますよね。マラソンも優勝できるかできないか、あるいは記録が出るか出ないか、という白黒がつきます。どちらも結果を出すために計画を立て、それを一つずつクリアしていくプロセスがあると思うんです。その結果として契約や記録がついてくる。そのことに気付いた時に、走ることと一緒だな……と思ったんです」

営業の基本と言ってしまえば身も蓋もないが、上司から言われたことを表面的に理解しているのではなく、実体験から直感的に本質を捉えている気がした。聞けば七月には新人外交員で全国六位の成績を上げ「ルーキー賞」を獲得したという。

「目標を高く持ちすぎるのも善し悪しなんですよ。目標が高すぎると達成できない時に、モチベーションが下がってしまうのも早い。だけど今日はこれ、明日はこれ、という感じで小さな目標を少しずつクリアしていくと、そのうち目指していたゴールが見えてくるんです。私はそういう考え方を大事するタイプかな、と思いますね」

五輪出場という輝かしい実績の陰で、小鴨の歩んできた歴史には「拒食症」「引きこもり」「休部」「離婚」「死別」など、厳しい言葉が並ぶ。にも関わらずその表情に悲壮感はない。そうした辛い過去でさえ、笑顔を絶やすことなく話をしてくれた。もちろん、本心までは分からない。ただ、無理に明るく振舞っているようには見えなかった。

二時間にも満たない取材はあっという間だった。小鴨がその後に用事を控えていたため、後ろ髪を引かれる思いでノートを閉じながら、申し訳ない思いで言った。

「小鴨さんの話を、数時間程度で聞いても仕方ないですね」

後日、紙面掲載用の写真を撮影した時の別れ際の一言だったか、あるいは掲載紙に同封した礼状の言葉だったか記憶は曖昧だが、「きっとまた、小鴨さんに話を聞く機会があると思います」と伝えた。それは「いつかまた腰を据えて話を聞きたい」という願望であり、決意でもあった。


一九九二年、日本の陸上界に彗星のごとく現れ、そして去っていったシンデレラガール。小鴨は女子マラソン界における〝記録より記憶に残る〟選手であった。五輪出場から三〇年近く経とうとしている今も、雑誌やテレビ番組などで「あの人はいま」という類の企画で取り上げられることも少なくない。ただ、「いま」に至るまでの経緯は、ほとんど紹介されることはない。現役時代の栄光と挫折だけでなく、表舞台から去った後の紆余曲折を知るにつれ、なぜ笑顔で当時を振り返ることができるのか、その疑問が大きくなっていった。

改めて取材を申し込んだのは二〇一八年二月のことだった。それから一年近く話を聞いていく中で、小鴨が呟いた一言は、十分に納得できるものだった。

「今が幸せなら、辛く、悲しい過去も、良き思い出として語れる。だから今を一所懸命に生きることが大切なんじゃないですかね」

小鴨は今、毎日が楽しいと言う。幸せだと言う。苦しみを乗り越え、その境地に至るまでの道のりを追った。

二〇一九年一月

光本宜史

幸せを届けに◉目次

幸せを届けに

五輪ランナー・小鴨由水
もう一つのゴール

第一章　栄光への助走

誕　生

兵庫県明石市は神戸市の西に位置する人口約三〇万人の地方都市である。

播磨灘に面して東西一五・六キロにわたる海岸線が続き、眼前には淡路島に向かって伸びる明石海峡大橋が聳え立つ。日本標準時となる東経一三五度子午線が通る街としても知られ、市内各所には子午線を示す標識が点在する。明石海峡の激流に揉まれた「明石ダコ」は、弾力ある歯ごたえが特徴の名産品だ。ふわふわの生地の中にこのタコを入れ、出汁をつけて食べる「明石焼」はたこ焼きのルーツとも言われる。その専門店は市内に約七〇店を数え、地元の人たちには「玉子焼」として親しまれている。

市の中心部、JR明石駅の北口を出ると目の前には明石城の外濠が広がる。明石公園として整備されている緑豊かな城内に入ると、国の重要文化財に指定されている「坤《ひつじさる》櫓《やぐら》」「巽《たつみ》櫓《やぐら》」の美しさが目を引く。園内には野球場と陸上競技場が二つずつあるほか、一二面のテニスコートも整備され、明石公園第一野球場（明石トーカロ球場）は、全国高校軟式野球大会の主会場になっている。

その明石公園から東の方向に約三キロ、緩やかな坂を上った先に「朝霧丘」と呼ばれる閑静な住宅街がある。その一角にある中朝霧丘に小鴨家はあった。

小鴨由水の父・立郎《りつろう》は、市議を務めた小鴨進の三男として生まれた。八人兄弟の下から二人目である。兵庫県立明石高校から大阪府立大を経て、兵庫県高砂市役所に入庁した。都市整備部長などの要職を務め上げ、退職後は趣味の草野球を楽しみ、今は穏やかな老後生活を送る。

「高校では本当は硬式野球部に入りたかったんですわ」

明石高野球部は一九二四年創部で、春六回・夏八回の甲子園出場を誇る古豪だ。旧制明石中時代の一九三三年、第一九回全国中等学校優勝野球大会準決勝・中京商との延長二五回の激闘は、高校野球ファンの語り草となっている。

「ところがね。親父が硬式やったらやめとけと言う。勉強できへんからと。それで軟式野球部に入ったら、硬式の方は二年生の時（一九六〇年・第四二回全国高校野球選手権大会）に甲子園に行ってもうた」

立郎の父・進は戦前、小学校の教師を務めていた。戦後は公職追放で教壇に戻れず、農協に勤めた後に市議になった苦労人であった。立郎と妻の祐子《さちこ》は結婚当初、明石市東松江にあった進の自宅敷地内のアパートに住んでいた。進は家賃の支払いが一日でも遅れると催促する。祐子は、(身内やのに厳しいなあ……)と感じていたという。ところが中朝霧丘にマイホームを建てて引っ越す時、進が二人に差し出した通帳には家賃として支払い続けてきた金額が、そのまま積み立ててあった。

厳格な父のもとで育てられた立郎だったが、「怒られた記憶がない」という母・しずの影響を受けたのか、自分の子供たちに対しては大らかだった。細かなことは言わず、やりたいことをやらせた。教員免許も持っており、家では子供たちに勉強を教える優しい父親であった。祐子も明石で生まれ育った。二人の子育てを終えた今は、地域のホームヘルパーとして忙しくも充実した日々を送っている。元来の話好きな性格もあって、利用者には良き話し相手、相談相手として大いに頼りにされているようだ。

父の井上威《たけし》は明石市内で医院を営む内科医であった。小さな病院であったが、生活が苦しい患者からは診察費を取らず、地域での信頼も厚かった。臨終に際しては、集まった家族や親戚一人一人の名前を呼び、お礼を言ってから息を引き取ったという。熱心に教会に通い、亡くなる直前には洗礼を受けた威の影響もあり、祐子もキリスト教系列の幼稚園に通った。

その幼稚園には、ピアノが上手な優しい先生がいた。「みんなに童話を読んでくれる時の優しい話し方は、今でも忘れられない」という祐子の憧れの存在だった。

「この先生みたいになりたい、と思い続けて私は幼稚園の先生になったんです。もっとも私は、そこまで立派な先生にはなれませんでしたけどね。『なにしとんの！』と怒鳴ってばかりで」

最初の三年間は神戸市内の下町情緒あふれる地域、次の一年は子供たちを立派な車で送迎するような高級住宅街。全く雰囲気の違う地域の幼稚園で勤務したことは、「貴重な社会勉強になった」という。だが、幼稚園教諭としての勤務は四年間で終わった。

「三年間勤めた後、親が『お前は突っ走ってしまう性格だから、あと一年で区切りをつけなさい』と。そして結婚せなあかんと。もしくは一生独身で通せと。どちらかを選べと言われたら、そりゃ私も結婚したいし……ねえ」

一九七一年にお見合いで立郎と結婚。その年の一二月二六日に娘を授かった。

小鴨家では女の子が生まれるとその名前に「水」の字を入れる習わしがあった。立郎の五人の姉妹、二人の兄の娘の名前には全て「水」の文字が入っている。立郎の父・進が命名した名前は「由水《ゆみ》」だった。後のバルセロナ五輪女子マラソン代表・小鴨由水の誕生である。

泣き虫

小鴨の記憶は幼稚園から始まっている。まず思い出されるのが幼稚園の先生が怖かったこと。工作が時間内に終わらず、「終わらなかった人は家で仕上げてくるように」と言われ、完成させることができずに泣いて祐子を困らせたこともあった。この頃の小鴨は体が弱く、泣き虫で引っ込み思案な女の子だった。

ある日、幼稚園で一人ずつ「お父さんの好きなところ」を発表したことがあった。

（なんて言おう……）

ドキドキしていると、自分の前の子がなかなか発表できずにいた。先生は「黙っていても分からないよ。何て言ってよいか分からないなら、『分かりません』と言いなさい」と言ったところ、小さな声で「分かりません」。

（分からないなら〝分かりません〟と言えばいいんだ）

そう思った小鴨は、「はい、じゃあ次は由水ちゃん」と先生に言われるや否や、

「分かりません」

周囲は大爆笑。周りを和ませる〝素質〟は、この頃から持ち合わせていたようだ。

小学校時代、勉強はできる方ではなかった。授業でノートはきれいにとるのだが、きれい

に書くことに集中し過ぎで肝心なところを聞き逃してしまう。どこか間の抜けた、おっちょこちょいな性格だった。テストの点が悪いとランドセルのファスナーの付いたポケットに隠して祐子の目を逃れようとするが、結局は見つかってひどく怒られ、泣いて謝ることになる。

「要領は悪かったけど、そうした悪知恵だけはありました」と小鴨は笑う。

体が弱かった小鴨は、祐子の父・井上威が営む病院によくお世話になった。毎週日曜日になると、教会に通っていた威に従姉妹たちとついて行き日曜学校で過ごした。帰りはそのまま威の家で従姉妹たちと遊んで過ごした。威はスポーツ観戦が好きで家ではよくテレビでスポーツ中継を見ていたが、小鴨の走る姿を見ることはかなわなかった。

小学四年の時まで父方の祖父・進の自宅敷地内のアパートで暮らしていたこともあり、進には週に一度、習字を教わった。書き順やはねなど、細部にわたって指摘を受けた。進の八人の子供たちは明石市内に住んでいたため、正月になると進の家には五〇人近くの親戚が集まり、小鴨もその輪に加わることが正月の恒例行事だった。

体が弱く、引っ込み思案で泣き虫。祐子はそんな娘に小学一年の時、水泳を習わせることにした。ちょうど家の近くにスイミングスクールができ、近所の親たちと子供たちを通わせようという話になったのだ。水泳を始めた小鴨はやがて食べる量も増え、体力もついてきた。水泳は中学二年まで続け、ランナーとしての基礎体力を養った。

〝マラソンデビュー〟は藤江小四年の校内持久走大会だった。水泳を習い始めて体力もついていた小鴨は、次々と同級生を交わして一位でゴール……したつもりだったが前に一人いたことに気付かず二位。悔しい思い出として心に残っている。

一九八二年、小学五年に進級するタイミングで小鴨家は中朝霧丘に転居、小鴨は人丸《ひとまる》小学校に転校した。新しい家、自分だけの部屋……転校することへの不安よりも、新しい生活が始まる期待の方が大きかった。過去の自分に別れを告げ、新しい自分に生まれ変わる……。

小学生時代、父と母に囲まれて

水泳、持久走などを通して少しずつ自分への自信もつけていたこの時期の転校は、小鴨をより積極的な気持ちにさせた。推薦ではあったが、のちにクラス委員長も務めている。

転居先で隣に住んでいたのが同級生の村松明彦だった。村松はのちに駅伝の名門・報徳学園に進学し、一九八九年の第四〇回全国高校駅伝でアンカーとして西脇工とのデッドヒートを制して優勝のテープを切り、順天堂大学で箱根駅伝を走ることになる。小学生の頃から、陸上選手だった父・洒《きよむ》の指導を受け、週に三回ほど近くにあった自動車教習所の敷地内を〝拝借〟し、夜間練習をしていた。

「由水ちゃんも一緒に走らへんか」

洒の誘いを受けた小鴨は、夜間練習に参加するようになった。一周三〇〇メートルほどの自動車学校の敷地内を村松やその従兄弟、友人らと約一時間走る。小鴨は村松に必死についていきながら持久力をつけていった。

人丸小学校にも陸上の指導に熱心な先生がいた。五年生の時、明石市総合体育大会に向けて、学校では足の速い児童を集めて放課後に練習した。小鴨もそのメンバーに選ばれ、大会では「小学女子の部・八〇〇メートル」でエントリーする。この時は競技前の招集・点呼を受けるのを忘れる「コール漏れ」で失格となったが、県の大会では予選落ちながら、初めて陸上競技場のトラックを走る経験をした。六年生では一〇〇メートルの部に登録。休日は先生に引率されて近くの人丸山に向かい、柿本人麻呂を奉る「柿本神社」の長い階段を駆け上がった。

校内のマラソン大会でも五年生の時は二位だったものの、六年生では優勝。この時にトップを争った角田美奈と中学では陸上部に入り、切磋琢磨することになる。

「おとなしいけど、一つのことにのめり込んでいくタイプだった」（祐子）小鴨は、人丸小学校で走ることの楽しさ、他の人より速く走れた時の達成感を覚え、さらなる高みを目指すようになる。

恩師

一九八四年四月、小鴨は兵庫県明石市立大蔵中学校に入学する。

この頃は水泳もかなり上達しており、水泳部に入ることも考えていた。すでに身長が一六〇センチあったため、バレーボール部からも熱心に勧誘された。それでも隣家の村松洒から「魚住中から陸上部にいい先生が来る。由水ちゃんも明彦と一緒に陸上部に入らへんか」と誘われたこともあり、陸上部へ入部した。

村松の言った「いい先生」の名は、荻野卓《たかし》といった。

七〇歳となった荻野は、兵庫県加古川市に在住。社会や教育に対する一家言を持ち、鋭い視線で世の中を見据える硬骨漢だ。目を患ってはいるものの、熱心な阪神タイガースファンとして今も甲子園球場に足を運ぶ。自宅に訪ねてくるかつての教え子も多い。

荻野は高校時代、のちに小鴨が進学する明石南高校で陸上部に所属し、インターハイに出場した。教師になってからはバスケットボール部の顧問を経て陸上部の指導に当たるようになり、同じ明石市内にある魚住中では全国レベルの選手を数多く輩出。ジュニアオリンピック一五〇〇メートルに出場し、明石南からダイハツに進んだ福田晃子もその一人だ。

実績のある指導者に我が子を預けたい、と考える親心はいつの時代も変わらない。この年、人丸小学校から荻野のいる魚住中に越境入学して指導を受けさせたいという希望者が数名いた。だが当の荻野は、越境入学の受け入れには否定的な考えだった。

「それやったら、俺がそっち（大蔵中）に行くわい、と。子供が私のところに来るよりも、私が行った方がいいやろ、ということでね」

入学式後のオリエンテーション。拡張器を片手に「はよ並ばんかい」と怒鳴る荻野の怒声は、新たに赴任した教師とは思えない迫力であった。特定の色に染まるのをよしとせず組合にも所属しない一匹狼的な教員であり、陸上の世界では現場を大切にする指導者であった。生徒には怖い存在だったが、何よりその生徒のことを第一に考えるあまり、上司や組織ともたびたび衝突。出世とは縁のない教員人生を送ってきた。

荻野の練習メニューはバラエティに富んでいた。三〇〇メートルほどある学校の外周を走る時も、走りに強弱をつけるインターバル走を取り入れた。腹筋・背筋や手押し車などさまざまな動きを連続して行うサーキット・トレーニングにも力を入れ、持久力・スピード・柔軟性・瞬発力・筋力など身体能力の底上げを図った。

「人から教えてもらったものを組み合わせてね。ただ走ったらいい、泳いだらいい、それで勝てるんやったら、苦労せえへんからね」

ただ、部員たちに細かく指導することはなかった。「オレがいい、というまで続けろ」と言うと、どこから持ってきたのか、古ぼけたソファーにどっかりと座り、黙って部員たちが走る様子を見ていた。うだるような暑い日も、凍えるような寒い日も、そして雨でグラウンドがぬかるむ悪天候の中でも練習は続いた。

部員には「練習日誌」と記したノートを渡し、毎日提出させた。特に何を書け、と指示したわけではない。部員たちはその日の練習内容や感想などを書いて提出した。部員の調子を把握するためのものか。個別にコミュニケーションを図るためのものか。荻野は、「そんな奇麗なもんやないですわ」と苦笑する。

「ただ、日誌をやりとりすることで、子供たちの励みになってくれたらとね。私がオリンピックに出たような選手だったら、それだけで生徒は言うことを聞いてくれるかもしれへんけど、実績も指導力もないから、『先生はこれだけ一所懸命やっているんだよ』と誤魔化すためにやったことでね」

自分は決して立派な人間やないから……と繰り返す荻野は、教師の仕事とは「演技」だと言う。

「私の仕事なんかね、演技ですよ。教師を演じ切らなければいけない。自分はずるい人間でも、子供にはずるいことは教えられない。『毎日走れ』『試験の前でも練習しろ』『試合の日でも帰ったら宿題しろ』……私はそんなことできひん人間やけど、生徒たちにはごっつ言ったね」

小鴨はある時、荻野が部員たちを前に、「この中の誰かが、オリンピックに行くと思う」と言ったのを覚えているが、それもまた部員たちを鼓舞するための〝演技〟だったのかもしれない。

中学時代の小鴨について荻野は、「はっきり言って、入学した時からスーパースターですよ」と即答する。

「女子で入部したのは小鴨と角田でしたが、二人とも背が高くてスラっとしている。さぼることもなく、生意気なところもない。練習をやれと言えば文句を言わずに取り組む。そんな子らが伸びない要素がないでしょう」

荻野が着任する前は顧問も不在で本格的な練習もしておらず、「鬼ごっこクラブ」と呼ばれていた陸上部が、県下屈指の強豪に成長するまで時間はかからなかった。市内大会から県大会、さらには近畿大会に出る選手も続出する。

小鴨も角田と共に男子部員に交じり、荻野に言われたメニューを消化していった。だが、記録は思うように伸びなかった。中学一年時の八〇〇メートルの自己ベストは二分三〇秒一だったが、二年生になってもこのタイムを半年間、破ることができなかった。ところがある日突然、二分二七秒台を出すと、堰を切ったように記録を伸ばした。それまで失速していたところで、前に出る心身の強さが身に付いてきたのだ。

二年生の時、ある大会の八〇〇メートル決勝に進んだ小鴨は、一学年上の有力選手と走ることになった。「あの選手についていけば、二分二〇秒を切れる」。荻野のアドバイスに従い、その選手の背後について走ったが、その選手は調子が悪かったのか記録が伸びず、そのあおりを食う形で小鴨の記録も平凡なものに終わった。レース後の荻野は平静を装っていたが、のちに母の祐子には「あれは自分の指示ミスだった」と語っている。それ以来、小鴨は他の選手に合わせて走ることをやめた。ペースが速い時は無理して付いていくこともなくなった。

荻野には今も〝五輪選手を育てた〟という思いはない。

「確かに私が教えた小鴨は結果として日の丸をつけて走った。一流の選手を育てると一流の指導者と思われるけど、記録が伸びなかった子を教えたのも自分やからね。東大に行ったやつも教えていれば、大学に行けんかった子も教えている。この一言が良かったとか、悪かったとかは後で分かることでね」

「一所懸命やっても、結果が出えへんことが

中学１年の時、800 メートルのレースで「300」のゼッケンをつけて走る

ほとんど」という荻野にとって、その数少ない例外が小鴨であった。

挑戦

荻野が「真面目で素直、一所懸命」と評した小鴨だったが、家庭ではどうだったのか。

「いやあ、あの子はきつかったですよ」

祐子は苦笑する。

「私がこうしなさい、と言ったことに対して知らん顔をするでしょ。こちらも腹が立ってもう一回注意すると、戸をバーンとしめて二階にダダダっと上がってしまう。それを主人が追いかけていったこともありました。あの子はトイレに隠れてね……」

当時、家で飼っていた犬の散歩をさせるのが小鴨の役割だったが、ある時、「なんで私だけが散歩させなあかんの」と言い出したこともあった。そういう時は、家の前でしばらくじっと座って動かない。

「近所の人は、『由水ちゃんは、いつ会うてもニコニコして挨拶してくれる。ほんまエエ子やねえ』と言ってくれるんですが、私は『えーっ、そうですか？　家ではこうなんですよー』と返していました」

競技においても、負けず嫌いな面がこの頃から強くなっていく。

小学生の頃から仲の良かった角田は、陸上部では良きライバルでもあったが、一緒に走る時は呼吸を乱したり、苦しい素振りを見せたりしなかった。朝練を一緒にしようと持ち掛け乗り気でないと見るや、一人で朝練を始めた。

本来なら、練習日誌に朝練のことも書くべきだったが、角田とノートを見せ合うことがあるかもしれない。小鴨が一人朝練をしていることが分かると、気分を害するかもしれない。そう考え、朝練のことは書かずに提出していた。ところがある日、荻野から戻ってきたノートには「朝練のことも書くように」と書かれているではないか。

(荻野先生はちゃんと自分のことを見てくれている)

小鴨は、荻野への信頼を厚くしていく。

中学三年になった時、渡された練習日記の表紙には「挑戦」と書かれていた。

(挑戦……いい言葉だな)

大阪国際女子マラソンで優勝したのち、小鴨はサインを頼まれると必ずこの言葉を添えた。「挑戦」は、小鴨の人生のテーマにもなっていく。

六月、全日本中学通信陸上競技大会の兵庫県大会で八〇〇メートルの標準記録を突破。八月の全日本中学校陸上競技選手権大会に出場を決める。荻野が「よくやった」と握手をしてくれて褒めてくれたのは、後にも先にもこの時だけだった。東京・駒沢陸上競技場での全国大会では予選落ちだったが、挑戦を続けることが結果につながることを知った小鴨は、もっと速く走りたい、との思いを強くした。

一二月の兵庫県中学校駅伝競走大会が中学最後の公式戦となった。この時は選手の父兄だけでなく、長距離以外の陸上部員、担任の先生などもマイクロバスで応援に駆けつけてくれた。担任まで応援に同行することに難色を示した校長に対し、荻野は「それなら大会には参加しない」と言い放って周りを慌てさせた。村松ら父兄が荻野の説得に当たり、渋々校長も同行を認めて事なきを得た。この大会で小鴨は一〇人以上を抜き、チームも一一位という記録を残した。

卒業に際して荻野は、「卒業してからが、本当の先生だからな」と言って送り出してくれた。

「それは、どの子に対しても同じ思いですよ。どの先生も、そうなんとちゃいますか」

荻野は当たり前と言わんばかりにそう語ったが、小鴨がその言葉の本当の意味を嚙み締めたのは、社会人になってからのことだった。

通学路

一九八七年、小鴨は兵庫県立明石南高等学校に入学した。地元では「めいなん」と呼ばれる進学校である。

当時、兵庫県では一六の学区のうち明石を含む五つの学区で「総合選抜方式」が採用されていた。居住地や学力などによって合格者を学区内の各校に平均的に振り分ける入試制度で、学校間格差の解消を目的としたものだった。一定水準以上の成績は必要であったが、概ね志望する高校に進学できた。

明石学区には六つの公立校（明石、明石南、明石北、明石商、明石清水、明石城西）があった。自宅から目と鼻の先には両親の母校でもある明石高があったが、小鴨が選んだのは恩師・荻野も通った明石南であった。一九二一年に明石高等女学校として創立、勉学に加えてスポーツも盛んな学校であった。高校でも陸上を続けることを決めていた小鴨は、自宅からは少し離れてはいたが、迷わず明石南を選んだ。

明石南を希望したのは、同校陸上部で荻野の後輩に当たる中嶋修平が陸上部顧問を務めていたこともあった。中嶋は高校時代、インターハイ一五〇〇メートルで二位。一九七二年の第二三回全国高校駅伝にも出場した。筑波大では箱根駅伝に三度出場。日本学生対校選手権（インカレ）では一年後輩の瀬古利彦と走ったこともある。教員としては尼崎東（現尼崎双星）と明石南で陸上部の指導に当たり、一三年連続でインターハイに選手を輩出。その後は管理職の道を歩み明石商、明石城西で校長を務めた。

「背が高くて、ストライドの広い魅力的なランナーだと思いました」

中学二年の時、都道府県対抗駅伝兵庫県予選会の会場で、初めて小鴨を見た時の印象を中嶋はそう語る。

「のちのち伸びる選手を育てたい」という思いがあった中嶋は〝やらされる練習ではなく、やる練習〟をモットーとし、「無茶な練習をさせて、生徒たちが走ることを嫌いになることだけはしたくはなかった」という考えを持っていた。中学時代に結果を出した選手の中には、当時の練習法に固執し高校の指導者を受け入れられないケースもあるが、小鴨には一切そうしたこだわりはなかった。

「これが高校の練習だと思っていましたから、特に違和感もありませんでした。中学は中学ですごいと思いましたし、高校は高校ですごいと思いました」

そんな小鴨が高校入学後に始めたのが、登下校時のランニングだった。

片道六キロの距離を当初は自転車で通っていたが、誰に言われるでもなく走って登下校をするようになった。毎朝五時半に起床して準備を済ませると、教科書とブラウスを詰め込み五キロほどの重さとなったリュックを背にジャージ姿で学校まで走る。学校に着くと他の部員たちは朝練で走っていたが、すでに六キロを走ってきた小鴨は中嶋の指示で筋トレを行った。朝練が終わると部室で着替え、部室に置いていたブレザーを身にまとい、教室に向かう。昼休みにも同じクラスだった陸上部員と筋トレに励み、放課後の練習を終えると再びリュックを背負って自宅を目指した。

陸上部で同じ女子長距離の同級生・中島愛も、やがて小鴨と一緒に通学路を走るようになった。中学時代は吹奏楽部だった中島は身近な目標として小鴨の背中を追った。小鴨が走って登下校をしていることを知ると「私も一緒に走る」と言うようになり、帰る方向が同じだった下校時は、二人で一緒に走った。

リュックを背負って往復一二キロ、放課後の練習でも一五キロほど走っていたため、一日三〇キロ近く走っていたことになる。中嶋が小鴨の提出した練習日誌を見ると一日に六〇キロ走っていた日もあり、「ちょっと走りすぎやで」とブレーキをかけるほどだった。

明石南高校での１年生の体育祭では、リレーのアンカーとして走った

さっそうと通学路を駆け抜ける小鴨に憧れる同性も多かったようだ。高校二年のバレンタインデーには、一学年下の女子生徒からチョコレートを渡されたこともあった。「小鴨はどちらかというと、女子生徒にもてましたね。走ることに一途で、長身ということもあって走る姿は

凛々しい感じでしたから。後輩からも慕われていました」とは中嶋の言葉だ。

　陸上一色の日々を過ごしたが、記録は伸び悩んだ。高校一年の最初の大会では八〇〇メートルが二分二八秒。中学二年で出したタイムと変わらなかった。思春期による体形の変化もあって体が重く感じることもあり、思うように走れなかった。中嶋は振り返る。

「中学時代に小鴨は八〇〇メートルで全国大会に出ていたでしょ。だから当時は、八〇〇メートルで全国に行った一つ上の生徒につかせて中距離を中心に練習させていました。ただ今思えば、小鴨は毎日リュックを背負って通学路を走ることで、上下動が少なく効率のいい、長距離向きの走りができてたんやと思います。スピードが必要な八〇〇メートルを中心とした練習とマッチせず、うまくいかなかったですね」

　高校の時に記録した八〇〇メートルのベストは二分一六秒三。中学時代と変わらなかった。

　高校二年時に、尼崎市で行われたナイター陸上一五〇〇メートルで出した四分三八秒が唯一の好記録と言ってよいもので、全国大会はおろか、近畿大会にも進めなかった。その一方で、一五〇〇メートル、三〇〇〇メートルを中心に練習していた同学年の中島の記録は伸びていった。

　帰宅途中、走るのを途中でやめ、立ち寄った公園のベンチで一人座って空を見上げる小鴨の姿があった。

萌芽

小鴨の陸上人生において、一つの転機となる出会いが高校二年の時に訪れる。

夏休みにダイハツ工業陸上競技部が長野県飯田市の「しらびそ高原」で行っていた高地合宿に参加する機会を得た小鴨は、そこで監督の鈴木従道《つぐみち》と出会う。

のちに浅利純子（一九九三年世界陸上優勝、アトランタ五輪代表）、藤村信子（一九九六年東京国際女子マラソン優勝、一九九四年アジア大会三位）、吉田光代（一九九三年パリマラソン優勝）ら多くの名ランナーを輩出するダイハツ陸上競技部はその年の四月に創設されたばかりの新興チームであった。実績のない陸上部のもとには、インターハイに出場したような選手は集まらない。

「インターハイに出場した選手のところにも（勧誘に）行ったよ。だけど、みーんな振られちゃった」と鈴木は回顧する。そのためダイハツでは実績はなくとも、走る意欲のある高校生、大学生を勧誘していた。

ダイハツ一期生のメンバーを見渡しても、浅利は秋田・花輪高校時代にインターハイ出場なし。国体三〇〇〇メートルでは予選落ちしている。藤村は京都・南丹高校時代にインターハイと国体に出場したが、いずれも四〇〇メートル。中長距離の実績と言えるのは、大阪体育大学二年の全日本大学女子駅伝における二区（三キロ）区間賞くらいだった。

一期生として明石南陸上部から福田晃子、真砂奉子の二人が入部していた関係もあり、明石南からも小鴨ら数人がダイハツの合宿に参加させてもらうことになった。

標高一九〇〇メートルを超える高地で一週間ほど共に練習をした。練習では五〇分ほど走るのだが、それはついていけないこともない。ただ、それを毎日続けるだけの体力・気力の差が実業団選手と高校生の違いだった。明石南で練習を共にした先輩たちが力を付けているのを見て、小鴨は自分もあんなふうになれるのではないか、という気持ちになった。

記録は伸びなかったが、それでも小鴨の気持ちは切れることはなかった。一日の練習をやり遂げたという達成感が走る気持ちを支え、腐ることなく練習に取り組み続けた。そうした中、ダイハツの合宿に参加し、ひそかな自信が芽生え、走ることへのさらなる意欲が湧いてきた。

しかし、高校三年の春、小鴨は右膝を痛める。激しく痛むわけではないが違和感があり、走るのが怖かった。目標としていたインターハイ出場はかなわず、不完全燃焼のまま高校での陸上生活を終えることになった。

まだやれる。もっとやれる。高校を卒業しても走りたいという気持ちが、日に日に大きくなっていった。

高校最後の夏が終わり、同級生たちは本格的に受験勉強に精を出し始めた。

中学の復習が中心だった高校一年の時は、部活中心の生活でありながら小鴨の成績は良い方であった。ところが高校二年で国公立クラスに編入されると、一気に勉強についていけなくなる。高校三年になると、成績のことで母の祐子が学校に呼び出されることもあった。このままでは大学受験は厳しい。そんなことを言われるようになった頃、意を決して、実業団で走り続けたい気持ちを中嶋に伝えた。

中嶋からその言葉を伝え聞いた両親は驚いた。立郎はその思いを大切にしてやりたい気持ちはあったが、祐子の不安は簡単には拭えなかった。

「実業団は高校までと違って甘くないだろうし、寮に入れば電話もしてはいけない、なんてことも聞いていましたからね。大した選手でもない由水が、そういう厳しい世界についていけるのか……と」

祐子の懸念は、自宅に挨拶に来たダイハツの鈴木から話を聞いた後も変わらなかった。

そうした中で、祐子の父・井上威の一言が、祐子の気持ちを変えた。

「やりたいこと、若いうちにしかできひんことは、やらせてやったらどうや。もし二、三年してテレビにも出ないようなら、帰ってきて次の道を探したらいいいん違うか」

数年経ってもテレビ中継されるような大きな大会でトップ集団を走れないようなら、見切りをつけて帰ってくればいい。祐子はその言葉を聞いて、小鴨の実業団入りを認めることにした。

第二章　大阪の衝撃

監督

　小鴨は現在、さまざまな活動を行っているが、その際に必ずついて回るのが「オリンピアン」の称号である。その五輪に導いてくれたのが、ダイハツ工業陸上競技部の監督・鈴木従道である。ここからしばらく、鈴木について文字を費やすことになるが、実業団に入ってわずか三年足らずで日本最高記録で優勝した快挙は、鈴木の存在抜きには語れない。

　鈴木は、栃木県塩谷町出身。矢板高では三年連続で全国高校駅伝に出場し、三年時は一区を走って区間四位の記録を残した。日大では箱根駅伝で三度の優勝に貢献。卒業後は東洋ベアリング（現・NTN）に入社しメキシコ五輪一〇〇〇〇メートルの代表となったが、調整に失敗して二一位に終わる。その後、マラソンに転向するが走り込みがたたって故障に泣いた。現役引退後は、同社の陸上部監督を務めた後、しばらく陸上から離れて社業に専念していたが、陸上競技部の創設に合わせてダイハツの監督として招かれた。

ダイハツの監督に就任した鈴木は、次々と革新的な手法を陸上指導に持ち込み、短期間で成果を上げるようになる。その一つが高地トレーニングであった。

標高二二四〇メートルのメキシコシティーで開催された五輪に出場した経験から、鈴木は高地でのトレーニングの効果をいち早く認識していた。ただ、国内では標高二〇〇〇メートル前後の高地で練習できる場所はそうあるわけではない。東洋ベアリングの監督時代、たまたま書店で見ていた本で長野県飯田市上村、標高一九〇〇メートルほどのところに「しらびそ山荘」という宿泊施設があるのを見つける。以来、「しらびそ山荘」を高地トレーニングの拠点とした。その存在を他の陸上関係者に一切明かされなかったのも、高地トレーニングこそ選手強化の切り札になるという確信があったからだ。

ダイハツの監督に就任した鈴木は、一九八八年四月の部発足前の三月末に早くも「しらびそ」で合宿を行っている。最初のレースとなった五月の関西実業団対抗陸上で、部員七人のうち六人がいきなり自己記録を更新。「高地トレーニングで勝負する」との覚悟でダイハツに来た鈴木は手応えをつかんだ。三月末から秋まで、毎月のように「しらびそ」で合宿を行っては、レース一週間前に大阪に戻り調整した。

一九九一年からは、さらなる効果を求めて、「しらびそ」より標高の高いアメリカでの高地合宿にも乗り出していくが、その詳細は後述する。

高地トレーニングと並ぶもう一つの柱が、鈴木自ら「本当に厳しくやった」と認めるウエイトコントロールであった。

鈴木はダイハツの監督就任にあたって、入部してくる選手の指導者のもとに挨拶に出向いた。その際、女子選手の育成のポイントを必ず尋ねた。すると、どの指導者からも「ウエイトコントロールに尽きる」という言葉が返ってきた。

そこで鈴木は、体重管理に不可欠な食事についての研究を始める。そこで採り入れたのが、後に広く知られる「ひじきダイエット」である。

「いろいろ調べていく中で、ひじきは鉄分も多いし、カロリーはゼロに近い。これだと。味付けなしに煮たひじきを三食、どんぶりで食べさせたよ。この食事を忠実に守った選手は体重がグーンと落ちていったね」

三食すべてがひじきというのは、さすがに一時的だったようだが、ダイハツ一期生の福田晃子の記憶の中にも必ずひじきが出てくる。

「一年目は、朝がひじきとレタス。お昼はコンフレーク。夜はそれなりに出ていたけど、大したものは出ていなかったし、外食も禁止でした」

同じく一期生の藤村信子は、当時の食事メニューを細かく記録していた。藤村の著書『走れ、藤村』（長征社、一九九九年）は、当時の練習内容や食事メニューも詳しく紹介され記録書としても評価に値するものだが、その中の記述を借りると、寮での典型的な献立は、このようなものだった。

朝／ご飯、みそ汁、納豆、たまご、焼き魚、煮豆、生野菜、果物。

昼／パン、牛乳、ゆでたまご、生野菜、果物。

夜／ひじきや野菜の煮物、サラダ、スープ。

高たんぱく質、低脂肪、調理は煮るか蒸す、あるいは焼く。カロリーの高いものは朝のうちに食べるので、お昼や夜は少しですんだ。テンプラやフライなどの揚げ物や肉は、ほとんど食べなかった。


寮の朝食は鈴木とマネージャーがメニューを考案した。調理人がいない海外合宿では鈴木自ら川で魚を釣り上げ、調理することもあった。

食事制限によって拒食症、過食症などの症状を来す選手も中には出てきた。それでも鈴木は心を鬼にして、厳しいウエイトコントロールを課した。

「食べ過ぎるなど毎日やかましく言って、体重に目を光らせて。ただ、指導者としてこんなに辛いこともなかった」

この試練を乗り越えて体重を落としていった選手たちは、やがて世界に飛び出していった。

選手の身体能力や記録を計測しながら、その数値をもとに練習メニューを組み立てる「科学トレーニング」も積極的に取り入れた。

　長時間にわたり走り続けるには、全身に酸素を送り続ける必要がある。そのため、一度に酸素を取り込む量の多いランナーほど持久力は高い。その目安となるのが、体重一キロあたり一分間に取り込むことのできる最大の酸素量＝最大酸素摂取量だ。練習によってこの数値を高めながら体重を落とすことは、車に例えると、エンジンの排気量を大きくしながらボディの軽量化を図るイメージだ。選手の最大酸素摂取量の向上と減量によって、鈴木は選手の〝燃費〟を高めようとした。

　もう一つ、ランニングのパフォーマンスを測る数値として、乳酸値がある。

ランナーは走るスピードを上げると、身体を動かす筋肉が「遅筋」から「速筋」に代わる。その時、筋肉を動かす〝燃料〟は燃焼効率の低い「脂肪」から、燃焼能率の高い「グリコーゲン（糖質）」になる。グリコーゲンが燃焼される時に生成されるのが乳酸で、乳酸の血中濃度が高いということは多くのグリコーゲンを消費していることを意味する。

　グリコーゲンは筋肉を速く、強く動かすことができるが体内に蓄えられている量は少ない。このためなるべく勝負処まで温存しておきたい。その間は脂肪を燃焼させながら走ることで、グリコーゲンの消費を抑えることができる。血液中の乳酸濃度が急に上がり始める「ＬＴ値（乳酸性作業閾値）」を把握し、ＬＴ値を超えずに走るペースを体に覚えさせることで、グリコーゲンを使わずに走り続けることができる。

一九九〇年夏、日本陸上競技連盟（日本陸連）がアメリカ・コロラド州のガニソンで高地合宿を行った。当時、陸連では高地トレーニングに着目し始めており、この年の四月には国内の有力選手を招いて中国・昆明でも合宿を行っていた。このアメリカ合宿に浅利純子、吉田光代を伴って参加していた鈴木は、選手のデータ測定・分析のために合宿に同行していた大学の先生たちと科学トレーニングについて語り合っている。

「他の陸連のスタッフは早く寝ちゃうんだけど、オレはこれが好きだから。東大の先生も来ているのに、コミュニケーションをしないとダメじゃない」

お猪口をあおる仕草をして鈴木は言った。

「オレは渓流釣りが好きだから近くの川で鱒を釣ってきて、これを刺身にして飲もうよと。そこで先生たちと話をした時に、乳酸値の把握は大事だよと聞かされてね」

当時、ダイハツの選手たちは年に二回、愛知県阿久比町のスポーツ医・科学研究所で体脂肪や最大酸素摂取量、乳酸値などを測定していた。乳酸値はトレッドミル（ランニングマシン）を使って三分間走り、耳たぶから採取した血液を測定していく。その測定を自社でできないかと考えた鈴木はダイハツの産業医に相談し、社員の健康増進という目的で乳酸測定機を導入した。当時、ここまでの設備を整えていた実業団チームはなかっただろう。

「いろいろ試した結果、乳酸の血中濃度が一・〇ミリモル（mmol）以下で速く走れるように鍛えるのがベストだという結論に至った。レースの一週間前の月曜日朝に、一・〇ミリモルの範囲内で一キロ当たりどの程度のタイムで走れるかを測定すると、その選手の予想タイムが出る。だいたい、ピッタリだったね」

大阪国際女子マラソンの直前、小鴨はLT値の範囲内で五キロ一七分前半で走る力があった。小鴨の優勝は、そのペースを守った結果に過ぎないと、鈴木は思っている。

鈴木は選手のケガやレース前の調整にも細心の注意を払い、最高の状態でスタートラインに立たせることに腐心した。小鴨が言う。

「現役時代に結果を出した指導者は、自分がやってきたことを選手にも勧める。でも、失敗を経験した人は〝どうすれば失敗しないか〟を考える。走り込み過ぎて故障した鈴木監督は、走り込みは長くても四〇キロまで、それ以上は走る必要はないという考えを持っていました。私がもし、走り込みをさせる監督についていたら、つぶれていたと思います」

現役時代に東京国際女子マラソンなどを制し、現在は京都府教育庁でスポーツ振興に当たる藤村も、鈴木の功績を強調する。

「日本のマラソンが強くなるきっかけを作ったのは鈴木監督です。科学トレーニング、ウエイトコントロール、メンタルトレーニング、そして高地トレーニング。現在、陸上界で当たり前のように行われていることを初めて導入した人です。レースに調子のピークをもっていくのもうまかった。私は短距離出身ですが、鈴木監督の調整法も短距離的なやり方で、こんなに休んでもいいの、というくらい休んでレースを迎える。それが私にはとてもよく合っていました。レースの前にガンガン走らされていたら、絶対に走れていなかったと思います」

鈴木は選手を伸ばすために必要なものは、躊躇することなく会社に要求した。

初年度は、部の予算を倍近く超過して〝詫び状〟を書いた鈴木は二年目を迎える前、「これからダイハツの選手はレースや合宿で全国や世界を飛び回る。一年目のような予算では全然足りないよ」と事務局に掛け合い、予算枠そのものをなくした。のちにメンタルトレーニングを導入した際には高価な脳波測定機を三台購入し、寮には低酸素状態でトレーニングできる部屋を設けた。現在、ナショナルトレーニングセンターには低酸素トレーニング室があるが、それが整備される前のことである。

ただ鈴木は、やみくもに要求を突き付けたわけではない。小鴨が大阪で優勝した時には、社内の担当部署にその宣伝効果を調べさせた。テレビコマーシャルや新聞広告に換算して数百億円という結果が出ると、それを役員会に提出し、陸上競技部の費用対効果を数字で示した。

「それだけの効果があったわけだから、陸上部の予算なんて数億円でも安いもんだよ」

練習環境の強化に奔走した鈴木だが、その功績を選手の前で自慢げに話すような性格ではない。ただ、小鴨ら選手はその充実ぶりを肌で感じ、見えないところでの鈴木の尽力に思いを馳せた。

「いま思えば、鈴木監督は会社とも闘っていました。決められた予算もあったと思いますが、選手を強くするためにはルールなんてないという感じでした。（間に入る）部長や事務局長は大変だったと思いますよ。数年前にあった鈴木監督の古希の祝いの席で部長や事務局の人たちは、『あの頃は、監督からかなり無茶を言われた』と苦笑していました。同席していたワコール元監督の藤田（信之）さんも『僕も会社に無理を言っていた。そうしないと選手は強くならない』と言っていました。選手とのコミュニケーションも少なく、何を考えているか分からない監督でしたが、トレーナーもすぐに入れてくれたし、走る環境はすごく整えてくれました」

鈴木は選手に厳しい自己管理を課したが、その選手たちが最高のパフォーマンスを発揮するための練習環境を整えるためには、会社に対しても一歩も譲らなかった。

鍛錬

一九九〇年四月、ダイハツに入社した小鴨は、実業団選手としてのスタートを切った。

創部三年目を迎えたダイハツの選手たちは、鈴木の徹底したウエイトコントロール、科学トレーニングのもとで結果を出し始めていた。一九八九年一一月に浅利が神戸女子二〇キロロードレースで優勝すると、九〇年一月の大阪国際女子マラソンでは、二期生の吉田が二時間三〇分二五秒で四位入賞を果たした。

大阪府池田市のダイハツ本社から北東に約三キロ、池田市旭丘の陸上競技部専用寮「石橋寮」に同期二人と入った小鴨も、陸上漬けの日々が始まった。朝は五時五〇分に起床し、六時一〇分に寮の玄関前に集合。体操のあと隊列を組んで寮を出ると、東は箕面市役所、西は阪急池田駅辺りまでの一帯を約五〇分間、距離にして約一〇キロを走って戻ってくる。ダイハツが法人会員となっていた池田カンツリー倶楽部のフェアウエーを走らせてもらうこともあった。それから腹筋・背筋・腕振りをして、朝練は終わる。

その後、八時四五分から正午までが勤務時間となる。小鴨は人材開発部に配属された。午前中の勤務が終わると、寮に戻り食事を済ませ、洗濯や掃除をして過ごす。一五時になると車で二〇分ほどの万博記念競技場（吹田市）や近くを流れる猪名川の河川敷などに行って練習。決められた距離を一定の速さで走る「ペース走」や、走る速さの強弱をつけながら走る「インターバル走」を一時間から一時間三〇分ほど行った。

寮に戻り夕食後は自主練習の時間となる。寮から自転車で五分ほどのところに会社が契約しているスポーツジムがあり、小鴨はこのジムのプールでよく泳いだ。

入部後、小鴨は鈴木から、吉田の後ろを走るように指示を受けていた。吉田は身長一七三センチで、一七二センチの小鴨と同じく長身の選手であった。高校時代の長野合宿でも、「膝を上げて走れ」「フォームを意識しながら走れ」と指導されていたが、小鴨は〝膝を上げて走る〟イメージができなかった。しかし毎日のように吉田の後ろを走るうちに膝だけを上げるのではなく、腰を入れて走るイメージをつかむ。結果として膝も上がり、ストライドも伸びるようになった。入社三カ月後の記録会では三〇〇〇メートルを九分五三秒で走り、高校時代のベストを二〇秒近く更新した。

一〇月には全日本実業団対抗選手権大会の一〇〇〇〇メートルに出場し、三五分〇一秒二二で一五位。さらに、四実業団連盟淡路島女子駅伝では浅利、今中恵子らに交じってメンバーに選ばれた。一一月の神戸女子二〇キロロードレースでは一時間一二分台で八位入賞。一二月には全日本実業団対抗女子駅伝のメンバーにも選ばれるなど、小鴨はダイハツの中でも五指に入る選手として認められるようになっていく。

減量

トップクラスのランナーにとって、マラソンとは減量との闘いであると言っても過言ではない。

鈴木の指導の基本に、徹底した体重管理があることはすでに触れた。

当初、鈴木は部員ごとに目標体重を定め、マネージャーをつけて毎日のように、体重をチェックさせた。だが三年目、そろそろ選手たちに管理を任せてもいいと考えた鈴木は自己申告制に切り替えた。そのため、このタイミングで入社してきた小鴨は当初、そこまで厳しく体重を管理されていた記憶がない。

事件が起きたのは、小鴨が入社二年目を迎えた一九九一年四月二九日のことである。兵庫リレーカーニバル（一〇〇〇〇メートル）に出場した浅利は早々と先頭集団から遅れ始め、一七位という惨敗を喫した。その走りを隣で見ていたある監督が鈴木に語り掛けた。

「おい鈴木、浅利ちょっと太ったんじゃないか」

鈴木は衝撃を受けた。確かに言われてみれば、少し太く見える。ただ、毎日申告している体重の数字を見る限り、大幅なウエイトオーバーということはないはずだが……。その時、鈴木の脳裏に稲妻のように走った言葉があった。

体重の虚偽申告——

たまたま、同じ日に富山県魚津市で行われたロードレースに出場していた小鴨も、市民ランナーに敗れて四位に沈んだという情報が入っていた。疑念はすぐに確信へと変わる。

この日、鈴木はレース後に陸上部長と食事の約束をしていた。だが、浅利がゴールすると部長に「悪いけど今日は真っすぐに帰る」と言い残し、選手たちのもとへ向かった。追い立てるように全員を車に乗せると、そのまま寮に向かった。道中、車内は無言。選手たちの間に緊張感が走る。

寮に到着すると、すぐに全員を風呂場に集めて体重計に乗せた。結果は鈴木の想像以上にひどいものだった。どの選手も申告している体重より数キロずつオーバーしていた。小鴨も例外ではなかったが、特にエース格の浅利の数字は鈴木を激怒させた。

「浅利は自己申告より五キロくらいオーバーしていた。その場でぶん殴ったよ」

その晩、鈴木は選手たちに裏切られたショックと怒りで眠れなかった。このままではダメになる。もう一度、死ぬか生きるかという覚悟でやり直そう――。その決意を「陸上部の死生方針」という文書にまとめると五月一日、部員に加えて部長、事務局長も集めて配布した。

「俺も厳しさから逃避して楽をしていた。この『死生方針』の下でもう一度、創部した時の気持ちに戻ってやっていこう」

以下、少し長くなるがその内容を抜粋する。

陸上部の死生方針

八八年に活動をスタートさせたダイハツ陸上部は、七名の素人集団でこの世界に名を連ねた。

雁子荘合宿から出発し暗中模索の中で各師のアドバイス・教本・経験を基にウエイトコントロールと高地トレーニングの二本柱を基本として、選手各々も懐疑心を持ちつつ必死についてきた。

その心も僅か入社五十日目の関西実業団で六名が自己記録を大幅に更新したことにより信頼へと変わってきたことと確信した。

それからは正に騎虎の勢いのように突っ走り、二年めの快挙を達成した。

しかし昨年の全く不本意なむしろ後退気味の戦績から脱皮し再スタートしようとした初戦の兵庫リレーカーニバルは、無残な結果に終わった。

今ここに私自身深く反省した。私の心の片隅に二年目の勢いから「もう大丈夫」という「自主性」にすり変えた「〝ラク〟の道を歩んでいたのでは」の反省心を強くした。

選手のイヤガルことから逃避し、好かれる監督者になり下がっていたのでは……と。

選手個々の自主管理にまかせて己でできないのであれば、できるように管理するのが監督者の責務と信じ、この壁から脱皮し、**日本一を目指せる強く燃える集団になる**べく**起死回生策**となるよう下記方針を作り**全員一丸**となって精進する。

1．体重の立合測定

女子長距離選手で最も重要なのが**ウエイトコントロール**であることは衆知のとおりであろう。**明確な目標課題**があって、それを**クリアすれば己の目標レベルが向上できる**と知りつつ実行できないのは、指導方針に沿う一員の資格を有さない。
（1）自己申告による体重管理であったが、より正確な管理を行うために1回／起床時に立合いで測定を実施する。

（2）日本の一流選手は、強い自己管理又は徹底した管理で外見的には見事に絞り込み、データ的には体脂肪率八パーセント前後である。（現在当チームは、一一・五〜一二〇・九パーセント　平均一七・三パーセント）

（3）女性の特性　女性として将来出産できるように本能的に脂肪をつけ、卵巣ホルモンの分泌を促す。これに逆らって激しいトレーニング等で脂肪を落として競技力を向上させようとするので無月経となることが多い。女性として将来不幸なことにならないよう考慮し、長期無月経の選手についてはタイミングをみて専門医に診察してもらい生理を誘発させるので心配はない。

2．九時門限の徹底

（1）女性としての安全確保と十分な休養・入浴・睡眠を摂る。

（2）マッサージ等の関係で外食をさけ、ウエイトコントロールに徹する。

（3）早めの就寝で、翌朝のトレーニングをより効果的に行う。

（4）寮内の設備を利用し疲労回復に徹する。

3．原則として一回／週のマッサージ

（1）寮内の設備の治療器具を十分に活用し、日々の疲労をその日に取り除くことが何よりの疲労回復につながる。
（2）往復の通院の疲労も考慮する。
（3）外食をさける。

4．部屋の点検（一回／週）

（1）整理整頓された部屋がよりくつろげる場である。
（2）精神的安定を施す。
（3）給食以外のものを排除する。

5．その他

過去の記録を見てみると八九年に一番レベルの高い練習が消化できている。その原因としてウエイトコントロールと自己管理が徹底していたことが挙げられる。

（中略）

結び

我々は既に二年前に他社監督が驚嘆するようなレベルの練習を消化していたのであるか

ら恐れず強気で自信を持って対抗しよう。先ずはその時以上の走れる体に戻して一日々を精進努力し自己レベルの向上をはかり、己が納得し充実感を得、初期の目標が達成できるよう一緒に苦しもうではないか。

言葉の節々から鈴木の勝利への執念が伝わってくる。

まず体重の自己申告を廃止した。週に一度、立ち合いを伴う抜き打ちでの体重測定を行うこととし、体脂肪率八％を目指すとした。門限を二一時としたほか、週一回のマッサージと部屋の点検を義務付けた。

体重がオーバーすると、部屋の中をチェックされた。食事の管理もさらに強化された。マネージャーに転身した福田らがカロリー計算をしてメニューを考案、鈴木のチェックを受けた上でレシピを調理人に渡す徹底ぶりだった。鈴木の厳しい管理下に置かれ再出発した部員たちの体重、体脂肪率はみるみる落ちていった。

同じころ、鈴木はメンタルトレーニングを導入している。きっかけは人事部の社員との会話だった。

「人事部の連中が、『社員教育の一環で、メンタルトレーニングをしているんですよ』と言っているのを聞いて、これは陸上部でも使えると思ってね。『その先生を紹介してよ』と、すぐに飛びついたよ」

その先生が、脳波研究者の志賀一雅氏だった。「心身をリラックスさせて意識を集中すると、脳から『アルファ波』という脳波が多く出る。この状態でスポーツの試合や試験に臨むと、持っている力を十分発揮できる。この『アルファ波』が出ている時にイメージしたことは、脳が実際に体験したと錯覚して実現が加速される」。それが志賀式メンタルトレーニングの考え方であった。

当初は週に一度のペースでトレーナーに寮まで来てもらった。エアロビクスなどをしながらリラックス状態をつくり、その状態でヘッドギアを付けて脳波を測定、アルファ波が出ると音が鳴る。その時に自分がトップでゴールするシーンや、苦しい場面を乗り越えて先頭に立つところを思い浮かべる。こうしたイメージトレーニングを繰り返した。

このほか、一枚の紙に絵を描くというトレーニングもあった。小鴨は、優勝テープを切る自分の姿を描き、それを枕元に貼った。この絵の通りにゴールテープを切ることになろうとは、小鴨も想像していなかった。

「死生方針」の下で、ダイハツ陸上競技部が再始動を始めた矢先の六月、小鴨は足首を痛めてしまう。水泳をするほかは鍼治療を施し、安静にすることが求められた。

練習をしない分、体重・体脂肪を維持するために食事を控えるようになる。週に一度の体重測定があるため、気を抜くことができなかった。そのうち、空腹を覚えないようになると、さらに食べる量も落ち、やがて一切食べ物を口にしないようになった。拒食症の症状である。その痩せ方は、鈴木をして「もうそれ以上、(体重を)落とさなくてもいい」と言わしめるほどであった。マネージャーの福田も、たびたび小鴨の部屋に様子を見に行った。

「コガちゃん、監督がもう少し食べる量を増やしてもいいって言うてるで」

「分かりました……でも大丈夫です」

小鴨も食べないといけないと思うのだが、どうしても一度に多くの量を食べられなくなっていた。

練習ができず食事も喉を通らない小鴨を、さらなる悲しみが襲う。母方の祖父・井上威が亡くなったのだ。葬儀に出るため明石に帰省した時、異常に痩せた小鴨を見て家族は心配した。母の祐子は「大丈夫なの」と声を掛けたが、小鴨は特に気にもかけていない様子で「大丈夫」と言う。実際、小鴨の気持ちは切れてなかった。足のケガさえ癒えれば、また走れるようになると思っていた。明石から寮に戻ってからも走れない日々は続いたが、食事に関しては「少しでも食べられたらその日は合格」と考え、徐々に食べる量を増やしていった。

隣　室

同僚たちの小鴨評は「おとなしくて、真面目、だけど頑固」というものに集約される。明石南陸上部の先輩でもあるマネージャーの福田は、「特に目立つわけでもなく、ニコニコしている感じのおとなしい子でした。ただ、周りに影響されず、ぶれない自分を持っている感じでした」と小鴨の印象を語る。

小鴨が陸上を始めてから一貫して持ち続けていたものは、速く走るための探求心であり、行動力であった。中学では一人で誰もいないグラウンドを走り、高校では通学路を走って登下校した。その姿勢は、ダイハツに入ってからより顕著になっていった。

陸上部の部員たちは寮生活を送りながら練習を積んでいたが、〝仲良しクラブ〟ではなかった。同じ釜の飯を食う仲間とはいえ、お互いがライバル。そこには微妙な距離感があった。その中で藤村は、小鴨にとって数少ない気の許せる相手であった。

のちに東京国際女子マラソンなどで優勝する藤村も、この時期はマラソン出場の経験すらなく、トラックでもこれといった成績はあげられていなかった。それでも、チーム最年長で鈴木の〝怒られ役〟だった藤村は、チームのムードメーカーとして欠かせない存在であった。その藤村の隣室だった小鴨は、たびたび部屋を訪れて陸上談義に花を咲かせた。

例えばある日、小鴨は藤村にこんな質問をした。

「腕の振りをもっと強くしたいんですが、何かいい方法はないですかね」

朝練では一〇キロ走った後、一キロの鉄アレイを両手に持って一〇〇回腕を振るトレーニングをしていたが、それだけでは物足りなかった。そこで数百グラムのジョギングアレイを買ってきて、自主練習で試しにそれを握って走ってみた。数日すると、その効果について藤村の部屋に報告に来る。

「ジョギングアレイ、なかなかいいですよ。腕が随分振れるようになりました」

筋力強化が話題に上った時は、藤村が先に口を開いた。

「成長ホルモンは睡眠中に分泌されるから、夜寝る前に腹筋をすると筋力がつきやすいかもね」

藤村はこれまでの経験の中で、自分が知っていることは何でも話をした。なかには本当に正しい情報か分からないものもあったが、小鴨は興味深く頷いては実践した。一方の小鴨も、「自主練でしっかり泳いでから寝ると、体重がすごく減るんですよ」など、自分の経験を伝えた。二人は情報を積極的に交換した。

藤村は言う。

「私も自信を持って言っていることばかりではなかったけど、コガちゃんはどんどん試していました。そして真面目だからずっと続ける。すごいなあと思いました。コガちゃんがやっているのを見て、私も始めたトレーニングもたくさんあります。走ることに対する彼女の熱意に、随分刺激を受けました」

確信

減量苦を克服したボクサーは強くなるという。筋力は維持したまま余分な肉だけを削いで身軽になることで、スピードが増すからだ。同じことはマラソンランナーにも言える。鈴木の「死生方針」のもと、厳しいウエイトコントロールや高地トレーニング、メンタルトレーニングなどの効果が出てきたのが、一九九一年の夏から秋にかけてであった。

拒食症の状態から徐々に食事を摂れるようになってきた小鴨は、比例して体調も回復に向かった。異常なまでに痩せていた時期に比べると少しふっくらしたが、それでも体はスッキリと絞れている。その時の感覚を「太ももの肉が取れて走る時に擦れない。二の腕の肉が取れ、腕の振りがスムーズになる感じ」と表現する。「体重が増えないように食べない」生活から、「しっかりと食べ、増えた体重を練習で落とす。結果として体重はキープしながら持久力を磨く」という好循環が生まれ、「食事をするとエネルギーが充填され、走りたくなる感じだった」。

ダイハツでは夏の合宿で翌年の大阪国際女子マラソンを見据えて四〇キロ走をしていたが、ケガをしていた小鴨だけは別にタイムを取った。練習に立ち会った福田は「その時のタイムが驚く程よかった」と証言する。「監督に報告したら、『これは小鴨、大阪行けるぞ』と言っていました」。

一〇月五日の全日本実業団対抗選手権一〇〇〇〇メートルでは、前年の記録を大きく上回る三三分一九秒九四の自己ベストをマーク。一一月一〇日の神戸女子二〇キロロードレースでは積極的にレースを引っ張り、最後に浅利に交わされたが二位でゴール。一時間七分一〇秒は日本歴代四位の記録だった。走るたびに好記録を連発する小鴨を見て、鈴木は浅利、今中と共に、一月の大阪国際女子マラソンに出場してみないかと呼び掛けた。「マラソンを走ること」が実業団入りの大きな目標であった小鴨に断る理由はない。「出ます」。即答した。

当時の陸上界は、どんなに調子が良くても「フルマラソンは何度か長い距離を経験してから走るもの」という考えが根強くあった。鈴木はこの〝常識〟に従い、調子が良かった浅利のマラソン出場を見送った経緯があった。だが、経験を積ませて送り出した一九九一年の大阪国際女子マラソンでは一二位。鈴木には、(調子の良かった時に出していれば……)という後悔の念が残った。この経験がなければ、小鴨のマラソンデビューはまだ後だっただろう。

ただし鈴木の中では、バルセロナ五輪を狙えるのはあくまで浅利であった。今中も上位を狙える力がある。小鴨は二人を引っ張ってペースメイクをしながら、経験を積めたら十分だと思っていた。

そうした中、小鴨の大阪国際女子マラソンでの好走を確信していたのが、中学の恩師・荻

神戸女子20キロロードレースで先頭争いをする小鴨（右）と浅利純子選手

野卓だ。

その年の八月、小鴨は母校の大蔵中を訪ねたことがあった。荻野は、中学時代の面影もないほどに痩せた小鴨を見て驚いた。

「肌艶はええんやけど〝人間こんだけ痩せられるもんか〟と思えるくらいで、実業団とは、ここまでせなあかんほど厳しい世界なんやと思いました」

神戸女子二〇キロロードレースの当日、荻野は会場にいた。のちに須磨女子高（現・須磨学園）から東海銀行に進み、一九九九年三月の世界室内選手権三〇〇〇メートルで室内日本記録を出した川島亜希子ら大会に出場する大蔵中の部員たちを引率していたのだ。妻の美奈子は言う。

「神戸から帰ってきた主人は、『小鴨は大阪で優勝して、絶対にオリンピックに行くわ』と言いました」

マラソン未経験とはいえ、小鴨は練習では四〇キロ走を経験している。距離に対する不安はなかった。大阪への出場が決まってからは一カ月に一度程度だった二五キロ走を増やすなど、長い距離を走る練習を積んだ。

一二月の全日本実業団駅伝に出場した後、大阪国際女子マラソンに出場する浅利、今中、小鴨の三人はアメリカ・ニューメキシコ州のグランツに向かった。ダイハツとして初の海外合宿だった。グランツは、ニューメキシコ州都のアルバカーキから車で一時間ほど西へ行ったところにある標高約二〇〇〇メートルの小さな町だ。日本陸連強化委員会で高地トレーニングを推し進めていた浜田安則から、鈴木が紹介してもらった場所であった。

「高校のグラウンドと二五〇〇メートルほどの山と草原があって、あとは大きなスーパーが二、三軒あるだけ。そこでひたすら走り込んだ。ただ、ずっと練習だとストレスが溜まるから、週に一度はアルバカーキまで出てショッピングをさせるんだよ。昼飯は自分たちで食べろと一〇ドルほど渡して、何時集合な、といって解放する。そうやってストレス解消もさせた」

一二月一〇日から一月七日までアメリカに滞在したが、朝は毎日のように五〇～七〇分のジョグを行った後、本練習では間隔を空けながら二〇キロ～四〇キロを走った。主な本練習と記録を拾ってみると、

ダイハツ陸上部初の米国合宿で走り込む（右から）小鴨、浅利純子、今中恵子の各選手

一四日(土)　四〇キロ走　二時間四五分三〇秒
(浅利・小鴨)
一七日（火）　三〇キロ走　二時間五分一〇秒
(浅利・小鴨)　一時間五六分一〇秒（今中）
二五キロまで
二二日(日)　二五キロ走　一時間四二分一一秒
(浅利・小鴨)　五四分四〇秒（今中）
二五日(水)　二〇キロ　一時間一五分三二秒
(浅利)　一七分一〇秒(小鴨)　一八分四〇秒
(今中)
二八日(土)　四〇キロ走　二時間三八分〇九秒
(浅利・小鴨)　三九分五〇秒（今中）
三日(金)　二〇キロ　一時間一四分二秒(浅利・
小鴨)

浅利と小鴨の充実ぶりが見てとれる。

一月八日に帰国した小鴨らは、その三日後に全国都道府県対抗女子駅伝に出場。小鴨は兵庫県のアンカーとして一〇キロを三三分一五秒で走破した。時差ボケもあって体調が万全でない中で、まずまずの結果が出たことで小鴨は自信を深めた。体調を万全にして大阪に臨めば……ピークはまだ先にあるという思いだった。

高地トレーニングの効果は、平地に戻って一週間から一〇日間と言われている。そこで鈴木は大阪国際女子マラソンのレース当日まで、ダイハツ滋賀工場内の自動車用の低圧実験室に三人を連れていった。そこにエルゴメーターを持ち込み再び〝高地トレーニング〟を行った。工場内には関係者以外は入れなかったが、鈴木の強い要望で実現した。

前　夜

大阪国際女子マラソンの日が迫ってきた。

「高地のグランツで四〇キロを二時間三八分台で走れているということは、平地なら二時間二八分台で走れる」

鈴木はそう言って選手たちを鼓舞した。

小鴨もその言葉に自信を得た。これまでのレースでは鈴木の想定タイムよりも数分遅れてしまうことが常だったが、それでも二時間三〇分程度では走れると思っていた。当時の日本記録は、前年の大阪国際女子マラソンで有森裕子が出した二時間二八分〇一秒。小鴨は初マラソンにして、そのタイムに迫ろうとしていた。もっともダイハツでは、一九九〇年の大阪で入社一年目の吉田光代が二時間三〇分二五秒で走った実績もある。鈴木は自信を持って三人を送り出した。

このレースの小鴨については、「浅利のペースメーカー役だった」と言われており、鈴木もそのことを認めている。ただ、当の小鴨は鈴木から直接そう言われた記憶はない。鈴木から受けた指示は、世界最高記録保持者（二時間二一分〇六秒＝一九八五年ロンドンマラソン）の、イングリッド・クリスチャンセン（ノルウェー）をマークしていけ、ということだった。恐らくレースを引っ張るであろうクリスチャンセンに小鴨が付き、その小鴨の後ろに浅利や今中が付く、というシナリオだった。

レースの三日前、小鴨は恩師の荻野に電話をかけている。

「クリスチャンセンについていこうと思います」

「調子もいいし、二時間三〇分くらいで走れそうです」

そう言う小鴨に対し、荻野は言った。

「先生、三五キロあたりにおるからな」

なぜ、三五キロと言ったのか、荻野は思い出せない。小鴨の好走を予感していたこともあり、終盤の勝負処で激励しようと思ったのかもしれない。

レース前日には、明石の実家にも電話をかけている。祐子は振り返る。

「早く走りたい感じでしたね。『日本人選手には負ける気がしない』『クリスチャンセンを目標に走るよ』と言っていました。また、えらく大きなことを言っているなと思いましたけど、監督がそう言って鼓舞しているんやろなと思って、『そう、頑張ってね』と返事をしました」

祐子は明石南の一年生だった弟の渡にも受話器を渡した。

「姉は、『完走できたらいい』というようなことを言っていました。今回はペースを作る役割だから、応援にも来なくていいよ……と。ただ二時間三〇分程度で走ると聞いて、えっと、思いました。僕はマラソンには詳しくなかったですけど、日本記録に近いタイムだということくらいは分かりましたから、そんなに早く走れるん？　と思いました」

夜になって、小鴨は藤村の部屋を訪れた。ユニフォームにゼッケンがまっすぐに縫いつけられない、お願いできませんか……という。

「ええよ、貸してみ」

藤村が小鴨のゼッケンを縫う間、小鴨はコース確認のため前年の大阪国際女子マラソンの映像を見ていた。ちらりと見た小鴨の横顔には気負いも興奮も感じられない。

「話していても全然緊張しておらず、とても明日フルマラソンを走るとは思えなかった。走るのを楽しみにしているような感じでした」

小鴨は、遠足を控えた小学生のような気持ちで床に就いた。

1992年大阪国際女子マラソンのスタート直後の選手たち。クリスチャンセン選手（ゼッケン1番）のすぐ後ろ（104）が小鴨

号砲

一九九二年一月二六日、第一一回大阪国際女子マラソン。発着点の長居陸上競技場（現・ヤンマースタジアム長居）は、青空に覆われていた。

海外招待選手は、世界最高記録保持者のクリスチャンセンを筆頭に、ソウル五輪銅メダリストのカトリン・ドーレ（ドイツ）、一九八六、八七年でこのレースを連覇し、のちにバルセロナ五輪で銅メダルを獲得することになるローレン・モラー（ニュージーランド）、八九年ベルリンマラソンの覇者・パイヴィ・ティッカネン（フィンランド）などの実力者が顔を揃えた。

一方、日本選手にとっては、この年の八月

にスペインで開催されるバルセロナ五輪の代表選考レースという位置づけだった。

五輪選考レースは大阪のほか、一九九一年八月の北海道マラソンと世界陸上東京大会、一一月の東京国際女子マラソン、九二年三月の名古屋国際女子マラソンの五つであった。北海道マラソンでは、岩下里美（沖電気宮崎）が三位で日本人最高順位だったが、タイムは二時間三五分一秒と平凡なものだった。続く世界陸上では山下佐知子（京セラ）が二時間二九分五七秒で二位に入り、「日本人最高順位でメダル獲得」という条件をクリア、代表内定を決めた。また四位に入った有森裕子（リクルート）も有力候補となった。

東京国際女子マラソンでは谷川真理（資生堂）が二時間三一分二七秒で優勝。後にバルセロナ五輪を制することになるワレンティナ・エゴロワ（ロシア）を抑えての優勝で、代表候補に浮上した。

山下が内定、有森、谷川が有力、という状況で迎えた大阪国際女子マラソンには岩下のほか、一九九〇年パリマラソン優勝の山本佳子（ダイエー）、ソウル五輪代表の浅井えり子（日本電気HE）、荒木久美（京セラ）などがエントリーしてきた。駅伝で頭角を現し、ソウル五輪に一〇〇〇〇メートル代表として出場、マラソンに転向して初めてのレースを迎えた松野明美（ニコニコドー）の走りも大きな注目を集めていた。

ダイハツのエース格は招待選手として出場する浅利だった。小鴨はダイハツ期待の若手ランナーという位置づけではあったが、一般参加で初マラソン。浅利と比べると気楽な立場であった。五輪選考レースに臨むという意識もなく、ただただ、フルマラソンが走れる高揚感で胸が一杯だった。また、ダイハツでは大阪を走った選手にはしばらく休養が与えられる。後のことは考えず、とにかく四二・一九五キロを走り切ればいい。その思いだけだった。

ウォーミングアップしている小鴨の背中に、「由水ちゃーん」と聞き覚えのある声が聞こえる。振り返ると実家のお隣りさんの村松洒だった。

「がんばれよー、お父さんとお母さんも応援に来とるからな」

立郎と祐子は当初、テレビで観戦する予定だったが、村松から「何言うとんねん、娘の晴れ舞台やないか。見に行かなあかんがな」と車に乗せられて、競技場に来ていた。

一二時一〇分、大阪の冬空に号砲が鳴り響いた。

スタート直後、先頭に立ったクリスチャンセン、ドーレのすぐ後ろに小鴨が早くも付ける。マークするはずだったクリスチャンセンの調子が良くないという情報が、スタート直前に鈴木のもとに入った。早々に先頭集団から脱落することや、ハイペースで行けるところまで行って、リタイアすることも考えられる。そこでマークする対象をキャロル・ルイラード（カナダ）に変更していた。

「集団の中で、ゼッケン六番の選手（ルイラード）を探したのですが見つけられず、まあいいか……と。身体が練習のペースを覚えていて、自然と足が前に出る感じでした」

一人飛び出したクリスチャンセンをドーレが追う展開で、小鴨は他の有力選手たちと三番手集団を形成していた。クリスチャンセンは、折り返し地点を過ぎたあたりで途中棄権。二五キロ地点で小鴨らの集団がドーレを吸収し、浅利、松野、朝比奈三代子（旭化成）、王秀婷（中国）の六人の集団となった。

この時、小鴨の頭には岡村孝子の「Ｇｏｏｄ－Ｄａｙ～思い出に変わるならば～」のメロディが流れていた。集中して走れている時に、よく頭の中で流れる曲だった。練習と同じように、リラックスして走れている証拠である。メンタルトレーニングの成果であった。

二五キロで給水した直後、小鴨が先頭に力強く踊り出る。大阪城公園には小鴨が六人を引っ張る形で入ってきた。小鴨は後ろを振り返ることもなく、グイグイと前に進む。すると松野、朝比奈、ドーレがついていけずに後退。王と浅利は何とか食らいつき、大阪城公園を出た時には集団は三人になっていた。

五キロごとに移動して通過タイムを計測し、ダイハツの選手たちに伝えていた福田は、

（やっぱりコガちゃん、調子ええんや……）

と思いながら先頭を力強く走る小鴨を見ていた。一週間前に測定した最大酸素摂取量の数値も高かったと聞いており、この好走を冷静に受け止めていた。

独走

三人の並走が続く中、二八キロから三〇キロにかけて、小鴨は両足に疲労感を感じる。

(足に来たかな……)

練習では経験している距離でも、やはりレースとなれば違う。そう思いながら、行けるところまで引っ張って行こうと考えた。

三〇キロを通過する。一時間四三分一五秒。有森の持つ日本記録の通過タイムよりも二分近く早いペースだった。

(あとは、よくペース走で走っている一二キロ。この調子なら完走できそうだ)

福田らチームスタッフが五キロごとのタイムを知らせてくれるが、三〇キロを過ぎてからは、次第に思考力もなくなっていく。そのタイムが早いのか、遅いのかも分からなかった。腕時計をしていなかった小鴨は、自分がどのくらいのタイムで走っているのかさえ、把握していなかった。

三〇キロ過ぎの給水所では、小鴨が浅利に自分のドリンクを渡そうとした。浅利は手を振って「大丈夫」という意思表示をしたが、後ろを振り返ったのはこの時くらいだった。

三五キロ、小鴨が二時間一分〇三秒で通過すると、その直後から浅利と王が遅れ始め、そのままじりじりと離れていった。

荻野は約束通り、三五キロ地点に教え子の川島を連れて、待機していた。先導の白バイが見えてくると川島に指示を出した。

「先生は走られへんから、小鴨が来たらその横を一緒に走って応援してこい」

目の前を小鴨が軽快に走り抜けて行く。

「記録が出るぞ！」

荻野は一言、叫んだ。

川島は小鴨と並んで沿道を走り始めたが、すぐに厚い人垣に阻まれて戻ってきた。

荻野は車に川島を乗せ、長居陸上競技場を目指した。途中、「優勝したら花を渡さなあかん」と、花屋を探しながら車を走らせるが、日曜日ということもあってか、開いている店はなかった。

小鴨の母校・明石南でもちょっとした騒ぎになっていた。

弟の渡はこの日、学校で実力テストを受けていた。一四時くらいだっただろうか、一人の先生が教室に入ってくると、渡のそばに歩み寄り、「試験はもういいから、職員室に来なさい」と言う。何事かと思ってついていくと、

「お姉さんが、大変なことになっとる」

職員室に入ると、テレビの前に先生たちが群がっていた。そこに連れられて行った渡は、

画面に姉の姿を見た。しかも、先頭でレースを引っ張っているではないか。やがてトップに立つと、独走状態に入った。

「トップに立ってしばらくすると、後ろから松野さんがすごい勢いで追いかけてきた。松野さんはピッチ走法ですから、すごいスピードがあるように見えるんです。これは追いつかれるかな……と思いましたけど、その距離は縮まらないとアナウンサーが伝えているのを聴いて……もしやと思いました」

小鴨がゴールした直後から、職員室の電話が鳴り始めた。マスコミ各社から渡への取材依頼であった。渡はしばらくその対応に追われた。

小鴨の独走が続いていた。

後方では二位集団から抜け出した松野が、浅利、王を交わして猛然と追い上げて沿道を沸かせたが、小鴨は後ろを振り返ることもなく、前へ前へと進む。松野は、小さな体をいっぱいに使ったピッチ走法で懸命に追うが、その差は縮まらない。

沿道のどよめきは小鴨の耳にも届いていたが、「この選手、だれ?」と驚いているようだった。

四〇キロを、日本記録を一分四二秒上回る二時間一八分三五秒で通過した小鴨は、そのまま先頭で長居陸上競技場に戻ってきた。

観客が振る旗に迎えられて競技場に入った小鴨が、一人トラックを走る。

（みんな私がトップで驚いているみたいやな……）

大歓声がして二位の選手が競技場に入ってきたことに気付いた。それが浅利でも王でもなく松野であることに少し驚いたが、その差を確認して優勝を確信した。

道中、ほとんど変わることのなかった表情が、ゴールが数メートル先に迫ったところで少し緩み、握りしめた拳を振り下ろしながらゴールテープを切った。駆け寄った鈴木の笑顔に迎えられた小鴨は、その胸に飛び込んだ。

ゴール前に設置されたデジタル時計は、二時間二六分二五秒で止まっていた。文句なしの日本最高記録である。その数字を小鴨も目の端で捉えていたが、それがどの程度の記録なのかとっさには分からなかった。リサ・マーチン（オーストラリア）が二時間二三分五一秒のタイムで優勝した一九八八年の大阪国際女子マラソンのことを覚えていたこともあり、特別速いタイムだとは思わなかった。

二位でゴールした松野とのウイニングラン。報道カメラマンから松野とのツーショット写真を求められ、何度もフラッシュを浴びた。月桂冠を被って受けた優勝インタビューの第一声は、「何が何だか分かりません」だった。

「優勝なんて全然考えていなかったから……自分のレースをして、ペースを守っていこうと思ったら、結果がこうなりました」

1992 年大阪国際女子マラソンでゴールする小鴨

1992年大阪国際女子マラソンで優勝し、観客に応える小鴨

「この喜びを誰に伝えたいですか」と尋ねられた時は一瞬躊躇してから、「両親に」と答えたが、頭の中には違う顔が二つ浮かんでいた。ダイハツに入社後、相次いで亡くなった二人の祖父であった。走っている間の背中を押されている感じ、あれは二人のおじいちゃんの手ではなかったか……。母の祐子も後日、「おじいちゃんたちが背中を押してくれたのかね」と同じことを言った。ただ、あまりに個人的なことだと思い、その場では言葉を飲み込んだ。

優勝タイムは二時間二六分二六秒。日本新記録であると同時に、初マラソンの世界最高記録でもあった。四位の山本までが日本記録を更新するハイレベルなレースとなった。浅利は終盤失速して六位だったが、タイムは二時間二八分五七秒と、鈴木の予想の範囲内であった。余談になるが、浅利は翌九三年の大阪国際女子マラ

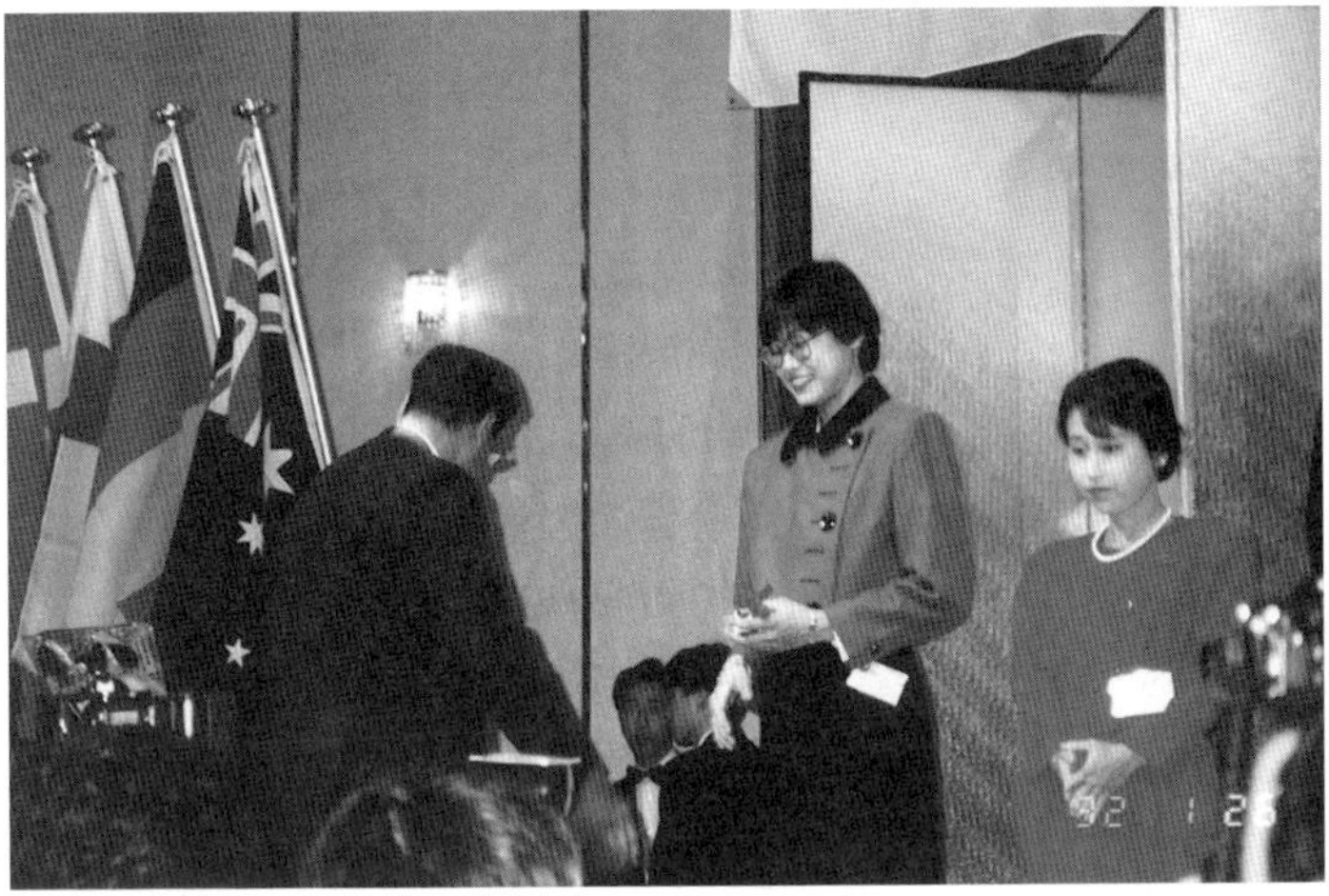

1992年大阪国際女子マラソン大会の表彰式で小鴨(左)と松野明美選手

ソンで小鴨と同じ二時間二六分二六秒で優勝を果たす。さらに九四年には四位に入った吉田も同じタイムで走った。「２２６２６」の並びは、ダイハツの選手たちにとっては記憶に残る数字となった。

鈴木は小鴨の優勝に驚き、困惑した。

「浅利が勝つと思って疑っていなかった。小鴨ももちろん、調子は良かったと思うよ。ただ、それにプラスアルファして何かが作用したんだろうね。何かが。ゾーンに入ったというか……とにかく、自分の力以上のものが出た」

優勝した小鴨は、これでバルセロナ五輪代表が確実となった。その日の夜は、テレビ局をはしごし、寮に帰ってきたのは日付が変わった一時頃だった。一日にして表舞台に駆け上がった小鴨をマスコミは〝シンデレラガール〟ともてはやした。

小鴨がゴールした後、立郎と祐子はスタンドで知人からの握手攻めに続き、マスコミからの取材攻めにあっていた。

この日、二人はスタートを見届けた後、村松の車で大阪城公園のそばの沿道まで移動して声援を送っていた。目の前を娘がトップ集団で駆けて行く。「そのうち落ちるやろ」と思っていたが、折り返して戻ってきた二八キロ地点でも先頭集団にいるではないか。急いで村松の車に乗り込み、競技場に向かうとスタンドでゴールの瞬間を見届けた。

ようやく取材対応を終え、荻野の車に乗せてもらい明石へ向かう。途中、喫茶店に寄りひと息つくと、祐子が自宅に電話を入れた。自宅では、隣に住んでいた兄の井上哲《あきら》が留守番をしながらテレビの前で応援していたのだ。

「えらいこっちゃ」。それが兄の第一声だった。

「とにかく早く帰ってきてくれ。マスコミが家の前に押しかけ、警察も来て大騒ぎや」

自宅に戻ってからも、マスコミからの電話が鳴りやまなかった。「遅い時間まで電話があって、いつなら取材に行かせてもらってもいいですか、と。その日は寝られなかった」

その日の夜、家族を連れて改めて小鴨家を訪ねた荻野は、小鴨が表彰台で頭に乗せていた月桂冠を頭にカメラに収まりながら、無邪気に喜ぶ家族や親戚たちの喧噪ぶりを眺めていた。

「オリンピックは決まりやし、親は事の重大さにまだ気が付いていないようだし……これからどないすんやろ」

第三章　バルセロナの夏

憂　鬱

大阪国際女子マラソンの後、小鴨は一週間ほど実家に戻って休養に充てた。しかしその間も、表彰式、表敬訪問などが相次いだ。レースから三日後の一月二九日には大阪府庁を表敬訪問、中川和雄知事から知事賞詞と記念品を授与された。二月五日には、文化・スポーツなどで輝かしい成績を残した人に贈られる兵庫県の「誉《ほまれ》」賞の表彰を受けるため、両親や鈴木らと兵庫県庁を訪問し、貝原俊民知事と面会している。

マスコミの取材のほか、催事やイベントなどへの参加依頼も過熱した。その矢面に立ったのが中学時代の恩師・荻野卓だった。これ以後も荻野は小鴨のことで何かと骨を折ることになるのだが、その献身的な対応の背景には、かつてある教え子を守ってやれなかった後悔があった。

魚住中学時代、将来を嘱望された陸上部の生徒がいた。全国レベルの活躍をしていたその生徒には、マスコミからの取材のほかにも地元の一日警察署長就任などの依頼が多く寄せられた。それらを全て受けようとする学校側の対応を、荻野は内心苦々しく見ていた。

「その時は、陸上部にもう一人顧問がおったから、ようでしゃばらんやったんです。それでその子を守ってやれなかった。その時の後悔があったから、もう、でしゃばりと言われてもいいと思ったんやろね。とにかく政治や宗教にだけは利用されんように守らなあかんと」

妻の美奈子も言う。

「オリンピック確実ということで、小鴨さんをいろんなところに引っ張り出そうとする人ばかりで、止める人がいない。この人は小鴨さんや、その他にもマスコミにめちゃくちゃにされそうな教え子のことを、本人に気が付かれないように守っていました」

実家で静養をしながらマスコミ対応に追われた小鴨は、予定より数日遅れて寮に戻った。監督の鈴木従道はすぐに体重をチェックさせた。その報告を受けて、絶望的な気持ちになった。

「増えても五キロまでだぞ、と言って実家に戻しましたが、戻ってきた時は一〇キロ近く増えていた。それで、もうダメ」

大阪を走る前に五〇キロを切っていた体重は、五八キロ近くになっていた。

小鴨は二月一〇日、一一日に横浜国際女子駅伝に出場する近畿選抜の合宿に参加。二三日開催の大会への出場予定はなかったがメンバーの発熱で、急遽五区を走った。ほとんど練習をしていないこともあり、区間二〇人中一八位という平凡な記録に終わった。この時は大阪を走った直後ということで、マスコミの反応も同情的だった。その後、ダイハツの選手が世話になっている愛知県安城市の整骨院に一〇日間ほど滞在。電気治療を受けながら、疲労回復に努めた。

三月になり本格的な練習に復帰したが、小鴨の気持ちは一向に乗ってこなかった。一二日からは、アメリカのグランツで再び四〇日間の合宿に入る。鈴木は五輪代表選考の喧騒から小鴨を遠ざけて立て直そうとしたが、肝心の小鴨は練習に身が入らない。体重も落ちず、思うように走れない。そうした日々が続いた。

大阪国際女子マラソンの前は体調もよく、十分に練習も積んでレースに臨めたが、当初から大阪を目指して調整していたわけではなかった。拒食症や足のケガから立ち直り、体が絞れて練習ができるようになると記録が伸びるようになり、その余勢を駆って大阪に臨んだ結果の優勝であった。

ところが今度は、目の前に五輪という大きな目標がある。体調や気持ちに関係なく、そこに向けて仕上げていかねばならない。初マラソンを完走した達成感や充実感に浸る間もなく、再び課される厳しいウエイトコントロールとハードな練習。「よし、オリンピックも頑張るぞ」という気持ちの前に出てきたのは「もう少し休ませて欲しい」だった。

思えば、体にも無理をさせてきた。鈴木が『死生方針』を掲げ、毎日の体重チェックを課して以来、とにかく体重を増やさないことに神経を使っていた。拒食症を克服した後も、常に五〇キロ前後をキープしてきた。体は軽く記録は伸びたが、生理が止まった。ギリギリの状況まで身体を追い込んで得た栄冠だった。

小鴨らが合宿を行っている間、日本では三月二八日のバルセロナ五輪女子マラソン代表選手三人の発表に向けて、報道がヒートアップしていた。

最後の選考レースとなった三月の名古屋国際女子マラソンには、東京国際女子マラソンを制した谷川真理が再びエントリーしてきた。東京での谷川の優勝タイムは二時間三一分台。このままでは代表選出は難しいということでの出場だったが、結果は二時間三一分九秒の二位。これで谷川の代表の可能性はほぼ消滅した。

世界陸上選手権二位の山下佐知子は内定、大阪国際女子マラソン優勝の小鴨は当確、最後のイスを世界陸上四位の有森裕子と大阪で二位に入った松野明美が争う形となっていた。タイムでは松野が上回るが、有森は暑さに強い点が評価されていた。

足の痛みを理由に大阪国際女子マラソンを欠場した有森が二月一〇日の岡山県民マラソン（一〇キロ）で健在ぶりをアピールすれば、代表発表二日前の三月二六日にはニコニコドーの岡田正裕監督が松野を伴って記者会見を開く。自分が選ばれることを信じて疑わなかった松野は、「オリンピックに出たら確実にメダルを獲れると思っています。そのためにも一所懸命頑張って練習していますので、どうぞ選んでください」と笑顔で訴えた。その模様はテレビでも放映され、世間の注目を集めた。

三月二八日。代表に選ばれたのは山下、小鴨、そして有森だった。暑さへの強さ、レースでの粘り、世界陸上という大舞台での好成績（四位）などで松野を上回るという結論だったが、曖昧な選考基準ということで議論を呼んだ。

惨敗

一九九二年三月二八日、小鴨はバルセロナ五輪代表に正式に選出された。だが、その心が奮い立つことはなかった。本番まで残り四カ月。体重は落ちず、調子は一向に上向かない。代表の肩書はむしろ心の重荷となっていた。鈴木はこの頃の小鴨の様子を、半ば呆れたような口調で振り返る。

「もう、全然ダメ。泥臭く練習をしようという気持ちが出てこなかった。一年前に『死生方針』を作ってからチームみんなが必死にやった。その時の気持ちが、ないんだね。浅利や藤村が、『コガちゃん、もうオリンピックが決まったんだから体重を落として頑張ろうよ』と言っても、ダメなんだ」

四月下旬にアメリカから帰国してからも、走りには波があった。大阪直前のグランツ合宿では二〇~四〇キロを数日おきに走っていたが、この頃は二〇キロ走ると次の日は全く走れない状態だった。「点」で練習はできても、それを「線」にすることができなかった。そのため、まずは継続して練習ができるように走る距離を一〇キロに落とし、体づくりから始めざるを得なかった。

大阪で優勝する前は頻繁に訪れていた藤村の部屋を訪れることもなくなった。

「大阪で勝ってからは、コガちゃんが遠い存在に思えてきました。同時に、しゃべりにくくなったな、何で本心を言ってくれないのかな……という感じでした。表面的な話はしますが、心の底の辛い思いを打ち明けてくれることはなかった。本人もどうすればよいか分からなかったのでしょうね……」

気持ちとは裏腹に、周りは五輪に向けて盛り上がっていく。五月には明石市の商店街や陸上関係者が中心となって「小鴨由水明石後援会」を立ち上げ、市内各所に横断幕を掲げた。六月からは小鴨の近況を知らせるテレホンサービスを始めた。

周囲の期待が日に日に高まる中、六月一七日には関西実業団陸上競技連盟が主催する「小鴨由水選手五輪出場壮行記録会」と銘打たれた記録会が、小鴨の地元・明石公園競技場で開催された。二〇〇〇〇メートルの記録会にダイハツ、ワコールなどの選手一八人が出場した。無料開放された競技場には、後援会のメンバーを始め、母校・明石南の後輩や地元市民など約一五〇〇人が駆け付けた。激励の横断幕が張られ、小鴨がメーンスタンド前を走るたびに大きな拍手が送られた。明石南の陸上部員たちはメガホンを手に一列に並んで声援を送る。まさに、小鴨のために用意された舞台であった。

しかし、何とか一〇キロ走ることが精一杯の状態での好走は望むべくもなかった。早々と先頭集団から遅れ始め、次々と後続のランナーにも抜かれていく。歓声がざわめきに変わっていく競技場の中で何とか完走したが、日本記録を更新した一位の久村香織（ワコール）から三周半遅れてのゴールとなった。タイムは一時間一三分一九秒で久村に五分三〇秒以上の差をつけられた。四位の浅利から四分三〇秒、七位の藤村からも二分三〇秒近く遅れた。

トラックを使った長距離種目で周回遅れは珍しいことではない。小鴨自身、ダイハツ一年目に経験している。ただ、今回は小鴨が戸惑うほど多くの観衆が集まった中で、その視線を一身に集める中での惨敗であった。情けなさ、恥ずかしさ、申し訳なさ……さまざまな感情があふれ出した小鴨はゴールと当時に泣き出した。

レース後の会見では、苦しい胸の内を吐露した。

「自分では頑張ろうと思っているのに、全く気持ちが入らなくて……」

寮に帰って体重計に乗ると、二〇キロを走った直後にも関わらず五四キロあった。おそらく走る前は五六キロほどあったのだろう。練習再開後、三カ月が過ぎ、五輪本番まで二カ月を切っている時期にも関わらず、ベスト体重からは依然として六キロほどオーバーしていた。

しかもその後、寮の自室で菓子袋も見つかってしまう。小鴨は鈴木に初めて頰を張られた。

「おまえはもう、何も食べるな」

鈴木はそう吐き捨てて、背中を向けた。

しかし小鴨は、荒れた部屋、ゴミ箱に散乱した菓子袋を見られたことで少しホッとしていた。

（私の今の精神状態を、やっと分かってもらえた……）

プレッシャーに苦しんでいたのは小鴨だけではなかった。一九九〇年の大阪国際女子マラソンで四位となった吉田はその後、過食症に苦しんだ。一時、自宅に戻り静養した後、マネージャーの福田の献身的なサポートを受けながら復帰の道を探り、パリマラソンで優勝するまでに三年を要した。浅利も入社三年目の夏頃には調子が上向かず、故障も重なり、故郷の秋田に帰ろうと思った時期もあった。食事制限に苦しみ、多くの選手が体重の「虚偽申告」をして鈴木の怒りを買ったことはすべに述べた。

どの選手にも体調の波や気持ちの浮き沈みがある。心身が共に充実している時期というのは、そう長くあるわけではない。小鴨は、心身ともに最高潮ともいえるわずかな期間に大阪を走ることができた。その意味では、小鴨の調子を見極め、出場を決断した鈴木の判断は間違っていなかった。

ただ、その半年後に、もう一度心身を最高の形に引き上げ、世界の舞台で戦うことを求めるのは、初マラソンを走った充実感、しかも優勝というおまけまで得て満足感に浸る小鴨には難しい注文だった。

覚悟

五輪壮行記録会の翌日、六月一八日から小鴨は浅利、藤村と共にアメリカ・コロラド州のパゴサスプリングスでの合宿に入る。グランツ合宿の際、鈴木が現地で情報を収集する中で目星を付けていた温泉地だった。標高は約二二〇〇メートルとグランツより高く、天然温泉で疲れを癒せる環境も整っている。

小鴨は五輪に向けての最終調整、浅利は八月の北海道マラソンに向けた調整が目的であった。体を絞り走れる状態にして酸素の薄い高地で走り込むことで、効果的に心肺機能を高めることができる。大阪を走る前のグランツ合宿がそうであった。しかし、体重を絞り切れていなかった小鴨は、高地で走り込める状態ではなかった。体重が落とせず走れない自分への嫌悪感。そのうち、「なぜ走らないといけないのか」とまで考えるようになった。

「どうしても走りたくないのなら、監督に言ってみたら」

小鴨を必死に鼓舞しつづけてきた浅利や藤村も、とうとう匙を投げた。鈴木に呼び出された小鴨は、溜まりに溜まっていた思いを吐き出した。

「オリンピックには出たくありません。もう走りたくないんです」

このまま走っても結果は目に見えている。それなら出場を辞退して、補欠の選手に代わった方がよい。こんな時のための補欠ではないか――。自分が辞退することで、会社や家族、後援会にどんな影響が及ぶのかまで、思いを馳せる余裕はなかった。

小鴨が憧れていた増田明美も一九八四年にロサンゼルス五輪に出場したのは小鴨と同じ二〇歳の時だった。直前の沖縄合宿で走った五〇〇〇メートルタイムトライアルで地元の高校生に負けた増田は、そのショックや五輪への重圧から、直後に開かれた壮行会を無断欠席、行方をくらませたことがあった。この時のことを後に振り返り「自分の感情、期待を受け止められなかった」と語っているが、この時の小鴨も同じような気持ちだったのかもしれない。

鈴木は、「気持ちは分かった」と言ったが、「それなら辞退しよう」とは言わなかった。小鴨が辞退すれば、補欠の谷川が繰り上がって出場することになる。会社からも物心両面の支援を受けてつかんだ五輪代表の座だ。鈴木の一存で決められる話ではなかった。

鈴木に言っても変わらない。追い詰められた小鴨に頼れるのは両親しかいなかった。実業団で走りたいと言った時も、自分の意思を尊重してくれた両親である。もう走れない、五輪出場を辞退しようと考えている、そう伝えれば、母はきっと「分かった。帰っておいで」と言ってくれるだろう。

だが電話口の向こうから返ってきた祐子の言葉は、「それは困る」というものだった。すでに七月二九日には親戚や後援会メンバーの約四〇人がバルセロナに向かう予定だった。その言葉を聞いて、小鴨は「もう出場するしかない」と覚悟を決めた。

祐子はこの時の辛い心情をこう語る。

「あんなに大変な思いをして優勝して選ばれたのだから、結果はどうであれ、バルセロナには行かせてあげたかった。辞退したら、『あの時、逃げてしまった』みたいな感じになって、絶対に後悔すると思ったんです。だから、スタートラインには立ってほしかった。酷かなとは思ったんですけど……」

弟の渡もこの時、小鴨と話をしている。

「僕は、走りたくないなら、もうやめたら、と言いました。後援会がどう言おうと、自分が納得のいく走りができなかったらやめたら、と。それによって谷川さんでも、松野さんでももう一人出られるんやから」

もしかしたら、走り終わってからのことを一番考えていたのは僕かもしれない、と渡は言う。

「自分が納得いかない状態で走っても負けるのは明白だし、その結果、マスコミから叩かれて走れなくなることは、初めから分かっていたことです。あれで陸上を辞めることになってしまったわけやから、走らせなかった方がよかったんちゃう？　と思いました」

一方、鈴木や祐子から小鴨の状態を聞いたダイハツや後援会としては、看過しておくことはできなかった。後援会のメンバーや高校の先生たちも集まって小鴨家で会議が行われた。とにかく現地に赴いて説得しようということになった。その説得役に選ばれたのが父の立郎と荻野であった。

荻野が振り返る。

「ダイハツから電話がかかってきて、『パスポート持っていますか』と聞くから、『はい、持っていますよ』と答えると、『伊丹空港に○月○日に来てくれ』と。学校？　無断欠勤ですよ。部下に『俺の代わりに授業しとってくれ』と言って」

立郎と合流し、伊丹からロサンゼルスを経由してパゴサスプリングスへ向かう。荻野は小鴨の「主治医」として立郎に同伴する、ということになっていた。

「現地の空港に着いたら夜中。そこで小鴨のお父ちゃんと野宿しましたよ。やっと車で迎えに来たと思ったら、マネージャーが『もう大丈夫ですから』みたいなことを言う。小鴨は泣いとるし、なにが大丈夫やねんと」

そこから合宿所まで車で一時間。五輪出場を渋る小鴨を説得してほしいと言われていた荻野だったが、自身の気持ちは正反対だった。走りたくないというなら、無理して走る必要はない。後部座席で小鴨の隣に座った荻野は、「もうオリンピックは辞退して、帰ろう」と語り掛けた。憔悴し、うつむいたままの小鴨に、そのあとどんな言葉を掛けたのか記憶にはない。ただ最後にこう呟いた。「今まで好きなように走ってきてんから、最後はお父ちゃん、お母

小鴨をオリンピック出場へ説得するため米国を訪れた父の立郎さん（右）と恩師の荻野卓さん

ちゃんのために走ってもええんちゃう」。ダイハツや後援会への最低限度の義理は果たしたのだ。

両親のために、という言葉に小鴨の心が反応した。

（こんな辛い思いまでして、私は何のために走ろうとしているのか）

自分のため、会社のため、という言葉に、もはや気持ちは高ぶらなくなっていた。でも、ここまで支えてくれた両親のためなら……頑張れるかもしれない。

荻野の話を聞いて、小鴨は思い直す。そして鈴木に「やっぱり、オリンピックに出ます」と返事をした。鈴木はその言葉にとりあえず胸をなでおろしたが、内心面白くはなかった。自分やチームメートがどんなに説得しても頑なだった小鴨が、親や先生が来た途端に翻意したわけである。そこには小鴨の機微に触れた荻野の一言があったからだが、鈴木やチームメートにはそう映った。

鈴木の記憶では、五月くらいの段階で「もうオリンピックは辞退したい」と小鴨から打ち明けられている。その時から、鈴木はもちろん藤村や浅利も水面下で、「がんばろうよ」と説得を続けてきた。「藤村も浅利も、自分たちの努力は何だったのか……と泣いてね」。鈴木は怒りを抑えるように語る。

この時の一連の騒動で、鈴木と小鴨の間には決定的な溝ができてしまった。ただこの時、五輪を辞退しなかったことで小鴨には生涯、「元五輪代表」の肩書がついて回ることになり、人生の幅が広がることになったのは紛れもない事実である。

小鴨の気持ちはようやく五輪に向かうようになったが、直後に一つの事件が起きる。ちょうど立郎と荻野が合宿地を訪れた日、親しくしていた関西のスポーツ紙記者から鈴木のもとに連絡が入った。

「全米（陸上）選手権の取材でアメリカに来ているんです。そちらにもちょっと寄らせてもらっていいでしょうか」

「他のマスコミは全部シャットアウトしているんだけどな。陸連に申請したのか？」

五輪代表選手の取材には、日本陸連を通す決まりになっている。

「申請はしていないのですが……鈴木さんとの私の関係で、何とかなりませんか。ちょっと遊びがてら寄るだけですから……」

オフレコで、というから鈴木も了解した。やって来た記者に、「お前が何か書いたら、俺も陸連からどやしつけられるからな。絶対内緒だぞ」と念を押す。「もちろんです」。そこで鈴木は洗いざらいに現状を話した。小鴨の体調がすぐれず、調子が上がらないこと。五輪を辞退したいと言っていること。親たちが説得に来たこと。チームの雰囲気がめちゃくちゃになっていること――。

「一時間くらい話したかな。今日は俺が飯を作るから食べていけ、と言って一旦別れたんだよ。するとしばらくして陸連の浜田から電話があった。そっちに記者が行っているだろう、こっちは大変なことになっているんだと。そいつをすぐに帰せと」

記者が〝特ダネ〟として社に持ち込んだことは明白だった。

「すぐに記者を呼び出し、怒鳴り上げたよ。ふざけるなと。あれだけオフレコだと言っただろう。何てことをやったんだ、と」

お前とはこれで終わりだ、出ていけ。

そう言って記者を追い出したが、後の祭りである。翌日のスポーツ紙には「小鴨、肝機能低下」「五輪出場辞退も」と報じられていた。

もう合宿どころではない。鈴木は日本陸連に直接説明するため七月三日、小鴨を伴い急遽帰国。成田空港で待ち受けていた一〇〇人を超える報道陣を振り切ると、日本陸連のある岸記念体育館（東京都渋谷区）に直行。「小鴨は大丈夫です」と説明し、陸連も鈴木を同席させて二一時過ぎから五輪辞退報道を否定する記者会見を開き、騒動はようやく収まった。

五輪まで一カ月を切っていた。「両親のために走る」と思い定めた小鴨の気持ちは軽くなっていた。ただ、五輪に出場する気持ちの整理がついただけで、ベストには程遠い体重、絶望的なまでの練習不足は、もはやどうしようもなかった。

だが小鴨には悲壮感はなかった。むしろ早くスタートラインに立ちたいと願った。この数カ月間の激動の日々を、早く終わらせたかった。走り続けなければならない日常に、一旦終止符を打ちたかった。

七月五日から一六日まで北海道で合宿を行った後、二五日に成田を出発し、ロンドンへ向かった。本番前に、涼しいロンドンで調整するためであった。

完走

鈴木は小鴨のサポート役として、バルセロナに浅利と藤村を帯同した。後輩の「付き添い」でのバルセロナ行きを、浅利は空港の搭乗口に入る直前まで渋ったという。鈴木としては今後のためにも、世界の舞台を肌で感じておいてほしいという思惑があったが、浅利にもプライドがある。「どんな神経をしているんだ」と鈴木を批判する声もあった。

ロンドンに入った小鴨は、浅利や藤村と最後の調整に入った。浅利は八月の北海道マラソンを控え、調子を上げていた。大阪では小鴨の後塵を拝したが優勝も十分に狙える状態で、自然と鈴木の指導にも力が入る。一方の小鴨は軽い調整の日々。「結果はもう分かっている。スタートラインに立たせることだけが俺の仕事だ」と思っていた鈴木から、レースに向けた指示も作戦もない。出場辞退に絡んだ感情のもつれもあって、会話らしい会話もなかった。

こうした鈴木の対応に、現地にいた陸上関係者からは小鴨に同情する声も聞かれた。「本番を前にした小鴨を放っておいて、浅利に付きっきりになっている」。ただ、普段から鈴木のコミュニケーションの少なさに慣れていた小鴨は、「いつものこと」と気にしていなかった。

七月二九日、ロンドンからバルセロナ入り。頭上には、灼熱の太陽が輝き、気温は夕方になっても三〇度を下らなかった。

八月一日。いよいよその日がやってきた。

この年の女子マラソンは、一九九一年世界陸上東京大会で金メダルのワンダ・パンフィル（ポーランド）を筆頭に、ソウル五輪銀メダルのリサ・マーチン（オーストラリア）、銅メダリストのカトリン・ドーレ（ドイツ）、九一年の東京国際女子マラソン二位のワレンティナ・エゴロワ（ＥＵＮ＝旧ソ連）、八六・八七年の大阪を連覇したローレン・モラー（ニュージーランド）などによる優勝争いが有力視され、これら世界の強豪に日本選手がどこまで食らいつけるかが焦点であった。

宿泊先のバルセロナ市内のホテルで昼食を済ませた小鴨は、スタート地点のマタロに鈴木とタクシーで向かう。タクシーには冷房がなく、車中で汗が噴き出てきた。会場に到着したが、暑さのため直前のアップをする選手はほとんどいなかった。

一八時三〇分。気温三二度。視界の先で蜃気楼が揺れる中、四七人の選手がスタートした。マタロを出発し、海岸沿いの道路を一七キロ走り、バルセロナの市街地を抜けて、モンジュイックの丘にあるオリンピック・スタジアムを目指すコースであった。

最初の五キロを一九分台で通過する超スローペースでレースは始まった。体力消耗を防ぐため直前のアップをほとんどしなかった選手たちにとって、この五キロはいわばウォームアップの時間だった。スローペースの集団を小鴨は引っ張り、やがて一人抜け出した。走り込みが十分でなかったこともあって疲れもなく、足取りは軽かった。

ただ、一人旅の時間は長くなかった。五キロで後続集団に吸収されると、一〇キロ手前で遅れ始める。一度は集団に戻った小鴨だったが、一五キロを過ぎると再び遅れ始めた。山下、有森らの背中が次第に遠くなっていく。うだるような暑さの中で、走り込み不足の影響が早くも出てしまった。

その時、沿道から「こかもー」と叫ぶ、聞き覚えのある声が聞こえる。その方向に視線を走らせると、集団に並走しながら自転車を懸命にこいでいる荻野がいた。

一匹狼を地で行く荻野は後援会には入らずに、単身バルセロナに乗り込んでいた。初めて訪れる土地だが「何とかなるやろ」と、得意の〝アポなし訪問〟を敢行。手にした地図を見ると、ゴール地点近くにレンタサイクルの店がある。そこで自転車を借りて、適当なところまで自転車を走らせて応援しようと考えた。

ただ、地図で目星をつけていた店を探すのに時間が掛かったうえ、途中で道に迷い、あるいは通行止めに遭うなどして、大幅に時間をロスしてしまった。

「大阪の時は三五キロ地点で待っていたけど、バルセロナでは一〇キロ走れるかな……という感じだったから、なるべくスタートに近いところに行かなあかんと思ってね。一所懸命ペダルを漕いで、ようやく選手たちと一五キロ付近で鉢合わせた時は、もうフラフラですわ」

先頭集団に小鴨はいた。サングラスをしていて表情は見えなかったが、走りが重いように見えた。その姿を見ながら荻野は叫んだ。「ここかも！　邪魔やったら外せえ！」

「一グラムでも軽い方がええと思って、メガネ取れえと。もう二度とここで走ることはないねんから、サングラスを外して景色でも見ながらゆっくりいかんかい、という気持ちもあったように思います」

サングラスは暑さ対策のために日本陸連から支給された特注品だった。すでに日は傾き、サングラスを外しても支障はない。小鴨はサングラスを外すと、後方に遠ざかっていく荻野に向かって放り投げた。

集団から遅れてからの小鴨は、完走を目指しての闘いとなった。二〇キロ地点で「足に来た」が、棄権する気持ちは毛頭なかった。地元の明石やダイハツから多くの人が応援に来ている。両親のために。応援してくれている人たちのために。這ってでも完走するつもりだった。

電車を乗り継いで五キロ、一〇キロの地点で声援を送った祐子と立郎は、さらに二五キロ地点に移動した。一〇キロでは先頭を走っていた娘は、先頭集団が去った後もなかなか姿を見せない。「棄権」の文字が頭に浮かんできたその時、足取り重く小鴨が現れた。

祐子と立郎が同時に叫ぶ。「由水ー最高よ！」「気楽に行け！」

モンジュイックの丘に向かう坂道は、すでに疲労困憊だった小鴨を容赦なく苦しめた。すっかり日が暮れて暗くなったコースを街灯を頼りに走り続けた。

「小鴨さん、頑張れー」

同じ兵庫県の小部《おぶ》中陸上部顧問で多くの選手を育てた西川美代子（のちに神戸学院大学駅伝部監督、全国都道府県対抗女子駅伝兵庫県代表監督）の声が聞こえた。

周りには競う選手もいない。自分が今、何番目を走っているのかも分からない。もしかしたら、最下位かもしれないとさえ思った。

「コガちゃん、がんばれ！」

三五キロ付近で待機していたダイハツの先輩・藤村の涙声が耳に届く。三八キロ地点では

バルセロナ五輪の選手村での小鴨と（左）と有森裕子選手

明石から駆け付けた後援会のメンバーが、声を合わせて声援を送った。

　大歓声の中、有森がエゴロワに次いで二位でゴールしてから二五分。小鴨は歩くようにしてスタジアムに戻ってきた。ゴールラインを跨ぐと精根尽き果てたように座り込み、そのまま支えられて医務室に向かった。脱水症状と診断され一時間の点滴を受けた。

　優勝したエゴロワのタイムは二時間三二分四一秒。小鴨は二時間五八分一八秒で三〇位だった（のちにドーピング失格者選手が出たため、繰り上り二九位に）。一九八四年に始まった五輪女子マラソンは、二〇一六年のリオデジャネイロ五輪まで九回を数えるが、優勝タイムが二時間三〇分を切れなかったのは、バルセロナ大会だけである。スタートした選手のうち二割に当たる九人が途中棄権する過酷なレースだった。

小鴨にとって初めての、そして結果的に最後となった世界への挑戦が終わった。ホテルに戻った小鴨は全てから解放され、ベッドでぐっすりと眠った。

あれから二五年。二〇一七年一二月、小鴨の自宅に有森から宅配便が届いた。バルセロナで開催された五輪二五周年イベントに招待された有森が、お土産として、「バルセロナ」の文字が入ったTシャツを送ってくれた。

「バルセロナの地を再び走り、小鴨さんとの思い出がよみがえりました」

同封されていた手紙にはそう書かれ、小鴨のことを「戦友」と記していた。

小鴨もバルセロナのスタートラインにつくまでには多くの「試練」があったが、有森も、松野との代表選考にまつわる過熱報道などで、別の闘いがあった。さまざまな苦難を乗り越えてバルセロナにたどり着き、四二・一九五キロを走り抜いた二人は、確かに「戦友」だったのかもしれない。

引退

帰国した小鴨は実家に戻り、しばらく各方面への挨拶回りで多忙を極めた。次の目標を訪ねられ、「できれば次のアトランタ五輪を目指したい」と語っていた小鴨だったが、練習に復帰してからも走る意欲は湧いてこなかった。目標にしていたフルマラソンを走り切り、五輪にも出場したことで、「やり切った」という思いが強かった。

バルセロナで調整した浅利は八月の北海道マラソンで二位。一〇月には藤村が全日本実業団対抗選手権大会の一〇〇〇〇メートルで八位。同僚は次のステップに向けて走り続けていたが、秋になっても小鴨は練習すらまともにできない状態が続いていた。

復活に向けてダイハツの関係者も尽力した。トレーナーの沈重毅は、「このまま小鴨くんを終わらせたくない」と中国で療養させ、気持ちが前向きになるのを待った。小鴨が高校時代からお世話になっている神戸の鍼灸院に、疲労回復を兼ねて通院もさせた。

小鴨の心は、振り子のように揺れ続けた。少し走れた日は、「もう少しやってみよう」という気持ちになる。年末年始の宮崎合宿では調子がよく、両親にも「もう少し頑張るつもり」と報告している。だが、そんな前向きな気持ちは長くは続かなかった。

（走ること以外のことも、やってみたい）

気持ちが揺れ動くこと数カ月。ついに一九九三年一月下旬、小鴨は鈴木に「会社を辞めたい」と申し出る。鈴木は、「気持ちがマイナスに振れている時に決めてしまったら後悔するかもしれない。一度実家に帰って、じっくりと考えてみろ」と小鴨を実家に帰した。

両親は、「もう、いいんじゃないか」と言ってくれた。立郎は「バルセロナの結果もあるし、辞めるのはしょうがないかなと。ズルズル続けても、という思いもあったしね」。

気持ちが固まった小鴨は、鈴木に電話で改めて退社の旨を伝える。鈴木もこれ以上の説得は難しいと判断し、退社を受け入れた。

退社の意思を伝えた後も寮には戻らず、実家で日々を過ごしていった。心配した荻野が、時折顔を出してくれた。「(弟・渡の誕生日である) 二月二一日から、また走り始めるか」と言って練習日誌を渡してくれた。「気が向いたら大蔵中で後輩たちと一緒に走ってくれ」とも言われた。小鴨は、週に一度程度は大蔵中や明石公園陸上競技場でジョギングをしながら二月、三月と過ごした。

荻野は、小鴨が寮から荷物を引き上げる時も車を出してくれた。選手が合宿で出払っている間に小鴨は自室でわずかな荷物をまとめると、三年近く過ごした寮を後にした。

三月一七日、大阪市内のホテルで引退記者会見を開いた。小鴨はひっそりと身を引くつもりだったが、オリンピアンの称号がそれを許さなかった。

明石市の自宅から寮まで移動し、そこで鈴木、部長と合流して会場に向かった。車内では息苦しい沈黙が続いた。

記者会見で退社の理由を問われた小鴨は、

「オリンピックが終わって、それまでの緊張が一遍に切れてしまいました」

「仕事としては走ることが嫌になったというのが本心です」

と、正直に気持ちを吐露した。

会見も終わりに近づいた頃、ある女性記者が聞いた。

「ところで体重はいま、どのくらいありますか」

実家に戻ってから一カ月、練習から遠ざかり、甘いものも心行くまで食べていた小鴨は、頬からあごにかけてふっくらと肉がついていた。一瞬躊躇したが、正直に「七〇キロくらいあります」と言いかけた時、口を開いたのは鈴木だった。

「現役選手に聞くならともかく、辞めていく選手にそんなことを聞くのは失礼でしょ！その質問をするということは、僕があなたに何キロありますか、と聞くのと一緒ですよ」

ずっと厳しかった鈴木の、胸の内にあるやさしさを最後に垣間見た気がした。

入社から三年。一九九三年三月末日をもって、小鴨はダイハツ工業を退社した。

小鴨が退社した直後の四月、吉田がパリマラソンで優勝。八月には浅利がシュツットガルトの世界陸上を制し、藤村は北海道マラソンで勝った。

マネージャーとして、小鴨の激動の日々を見続けてきた福田晃子は語る。

「コガちゃんは、みんなに勇気を与えてくれたと思いますよ。いつも一緒に練習している同僚がオリンピックに出たことで、他の選手たちにも〝自分もやればできる〟という気持ちが芽生えたと思います」

第四章　福岡での再出発

進　学

ダイハツを退社した小鴨は、兵庫県明石市の自宅でぼんやりと日々を過ごしていた。両親は仕事に出かけ、弟も登校して誰もいない家で一〇時過ぎに起きて、遅い朝食を済ませ、テレビを見ながら過ごす日々。食べることにも歯止めがかからなくなり、体重は八〇キロ近くまで増え続けていった。

そんな小鴨を心配した中学の恩師・荻野卓は、週に一度、昼休みになると学校を抜け出し、小鴨を近くの喫茶店に連れ出した。大蔵中と小鴨の自宅は、歩いて五分ほどの距離である。

荻野は挨拶代わりに「今どうしてる」と聞くと、あとは新聞を広げて読み始める。「これからどうするつもりなんや」と聞くわけでもなく、「そろそろ走り始めたらどうや」と勧めるわけでもない。コーヒーを飲みながら、ただテーブルで向かい合っているだけの奇妙な時間だった。

小鴨が中学二年まで水泳を習っていたことを知っていた荻野は、自分の息子が通うスイミングスクールに、小鴨を指導員として雇ってほしいと掛け合った。勧められるがままにアルバイトを始めた小鴨は水泳の指導をしながら、早目に出勤して泳がせてもらうこともあった。

その一方で、元五輪代表選手の肩書の効果は絶大だった。「毎週のようにゲストランナーの依頼があった」と祐子は振り返る。「母親としては、太った娘の姿を見せたくなかった」と、小鴨を衆人の目にさらすことに抵抗があったが、立郎は「家にいて何もしないよりは、いろんなところに行って、今のありのままの姿で走ってきた方がいい」と出場を勧めた。当の小鴨も、「あの頃はかなり太っていたし、精一杯走っても一〇キロを一時間くらいかかっていましたが、断り切れない性格なんですかね。私が行くことで喜んでくれるなら……という気持ちがあったと思います」と、週末になると各地のマラソン大会に出かけて行った。

時には荻野を通してゲストランナーの依頼が入ることもあった。そういう時は荻野も同行し、すべて日帰りにした。

「小鴨一人で泊まりで行かせると、夜の宴会などで酒のお酌なんかをさせられるかもしれん。そんなことに利用されたら具合悪いからね」

前述したように、荻野はマラソン以外のことに小鴨が利用されることに神経を尖らせた。人が良く、疑うことを知らない小鴨の性格を熟知していた。荻野自身、交通費を除いて謝礼の類は一切受け取らなかった。

そんなある日、京都市にある龍谷大学短期大学部社会福祉科で教授を務める志水宏行から小鴨家に電話があった。志水はダイハツの引退会見を見て小鴨のことを案じており、本人さえよければ大学に受け入れたいと言った。

「大学で走ること以外のことも経験してほしい。走りたくなったら、楽しく走ってくれたらいい」

龍谷短大に通っていた元ワコールの岡本真貴子とも、電話で話をした。

岡本は南八幡高校時代に三〇〇〇メートルで高校新記録を出しワコールへ進むが、坐骨神経痛に苦しみ一年六カ月で退社。その後、龍谷短大に入学し、二年生の時、インカレで三〇〇〇メートルと一〇〇〇〇メートルの二種目制覇を果たしていた。小鴨はダイハツ時代に競技場で岡本のことを見かけてはいたが、面識はなかった。それでも同じように実業団を経験した選手が同じ大学にいることは、心強かった。

「大学では、実業団の時のように結果を出さないといけないというプレッシャーもなく、伸び伸びと走れるよ。小鴨さんも、うちに来て走ったら?」

こうした勧めを受け、社会人推薦枠で社会福祉科を受験することにした。そこで保育士の資格を取得し、母の祐子のように幼稚園や保育園の先生になることも考えていた。

福岡

龍谷大学短期大学部に進路を定めた後も、小鴨はゲストランナーとして各地のマラソン大会に招かれていた。その中の一つに、シティマラソン福岡があった。

シティマラソン福岡は、福岡市制一〇〇周年を記念して一九八九年に「福岡シティマラソン」としてスタート。二〇一四年に「福岡マラソン」としてリニューアルされるまで、ハーフマラソンと五キロの部が行われていた。

一〇月一七日、ゲストランナーとして五キロを走った小鴨は、そこで同じくゲストランナーとして来場していた重松森雄と出会う。

重松は一九四〇年生まれ。福岡工業高校を卒業後、九電工に入社し九州一周駅伝などで活躍していたが、引退後のことを考えて大学で学んでおこうと福岡大学に進学する。四年生だった一九六五年六月、イギリスのウィンザーマラソンで当時の世界最高記録・二時間一二分〇秒で優勝。大学卒業後はクラレの陸上部に所属して競技を続けたが、故障に苦しみ五輪とは縁がなかった。

現役引退後は地元の福岡に戻り、知人に福岡市の大手百貨店・岩田屋の会長・中牟田喜一郎を紹介されて入社。以来、外商担当として一九年間勤務してきた。自宅と職場の往復一〇キロを毎日走って通勤していたが、陸上競技からは完全に離れていた。岩田屋では持ち前の粘り強さ、几帳面さを生かして外商員としても優秀な成績を納める。一九八九年に福岡シティマラソンが始まると、毎年ゲストランナーとして呼ばれるようになった。

五〇代に入り、会社員人生のゴールが見えてきた一九九二年、社員を前にして行われた年頭挨拶で社長の中牟田健一が、「岩田屋に女子駅伝部を創設する。監督は重松くんにやってもらう」と宣言したことで、重松の人生が一変する。

事前に何も聞かされておらず、突然の監督指名に仰天した重松だったが、なぜ中牟田が駅伝部をつくると言い出したのか思い当たる節はあった。

「前年暮れ（一九九一年一二月）に全国高校駅伝で福岡代表の筑紫女学園が初優勝を飾りました。中牟田社長は筑紫女学園の後援会長として京都に応援に行っており、そこで何か感じるものがあったのではないでしょうか」

後日、改めて人事部長から監督就任を打診されたが、重松は慎重だった。指導者としての経験がない上、自分が現役の頃とは時代が違う。自分の経験や浅い知識だけで選手たちを指導できるとはとても思えなかった。そこで「少し考えさせてください」と返事を保留、監督就任に向けた可能性を探ることにした。

まず必要だったのは、指導に関する知識を身に付けることだった。その頃、日本陸連が高地トレーニングに着目したのを契機に、科学トレーニングを取り入れる指導者が増えていた。

重松は福岡大学体育学部（現・スポーツ科学部）の教授で、運動生理学を専門とする田中宏暁を訪ねた。

田中は、東京教育大学（現・筑波大学）体育学部の出身。話をしながらでも体を動かせる「ニコニコペース」による軽運動が健康増進につながると提唱した。ニコニコペースで走る「スロージョギング」は、ウォーキングに比べてエネルギーを二倍消費し、肥満・高血糖・高血圧などの罹患リスクを抑制する運動療法としても注目される。スロージョギングに関する本を日本のほかアメリカ・韓国・ポーランド・台湾で出版し、今では世界中のランナーに浸透している。二〇一八年四月に七〇歳で亡くなるまで世界中を飛び回り、その啓蒙に努めていた。

自身も学生時代は、箱根駅伝の出場を目指した陸上選手だった。ところが先天性の心臓病によるドクターストップを受け、失意の日々を送る。ある時、ドイツの医学者・ファンアーケンが「心拍数一三〇程度で長時間走ると心肺機能が高まる」と語っていることを知り、運動生理学に関心を持った田中は、福岡大学で本格的な研究を始めた。その結果、最大酸素摂取量の五〇％で運動を続けると、その最大値が上がることを証明した。

他の研究者と田中が違うのは、この理論を自らの身体を使って検証したことだ。最大酸素摂取量の五〇％での運動を「ニコニコペース」と名付けて、このペースで走る「スロージョギング」を自らに課した。

四六歳の時に出場したホノルルマラソンでは、週末約五キロのスロージョギングだけで三時間三〇分台で完走。翌年、体重を一〇キロ落すと二時間五五分一一秒のサブスリーを達成した。自己最高は五〇歳の時に走った九七年「慶州さくらマラソン」での二時間三八分四八秒だ。

重松は田中に、岩田屋が女子駅伝部の創設を計画していることを伝え、「陸上を指導するうえで必要なことを教えて欲しい」と頭を下げた。「なぜこの練習が必要なのか、その根拠をきちんと説明できないと、自分の経験だけで指導しても選手はついてこない」と考えたからだ。田中にとっても実業団と提携することで選手たちのデータ収集ができるメリットがある。協力を快諾した。そこで重松は週に一度、仕事が終わった後に福岡大学まで足を運び、田中のもとで運動生理学を学んだ。

さらに、選手のケアに協力してくれる内科医、外科医、栄養士、理学療法士、メンタルトレーナーを探した。陸上競技にケガはつきものだし、食事やメンタルのサポートも欠かせない。つてを頼って協力者を探し、一人ずつ了承を得ていった。

こうした準備を進めているうちに四月になった。会長の中牟田喜一郎からの「社長がああ言っているんだ。重松さん、引き受けてください」という言葉もあり、決断した。

「どこまでやれるか分かりませんが、私でよければお引き受けします」

一年間を選手勧誘などの準備期間に充て、一九九三年四月、岩田屋に女子駅伝部が正式に発足した。
重松が小鴨とシティマラソン福岡で出会ったのは、その年の一〇月のことであった。

ゲストランナーとして走り終えた二人は、福岡ドーム（現・ヤフオクドーム）の控室で挨拶を交わした。初対面ではあったが、穏やかな笑みをたたえ接してくる重松に、小鴨は荻野やダイハツ監督の鈴木従道にはない話しやすさを感じた。

重松も小鴨の活躍はもちろん知っていた。大阪国際女子マラソンで優勝した時、本格的に練習を初めて二年足らずだったことを知り、「世の中にはこんなに素晴らしい素質を持った選手がいるんだ」と感嘆した。その後の五輪出場辞退騒動や早すぎる引退会見をテレビで見ながら、「陸上界の財産を、こんな形で終わらせていいものか」と残念に思っていた一人だった。

選手を指導する立場になった今、小鴨に聞きたいことはたくさんあった。どういう練習をすれば短期間であんな走りができるようになるのか。五輪辞退騒動の裏に何があったのか。なぜ、早々と引退という選択をしたのか。その背景を知ることは、自身の指導の大きなヒントになるはずだった。

ちょうど時間はお昼を回っていた。いろいろと話を聞きたいと思った重松は、小鴨を昼食に誘った。

「この辺りのレストランでもいいのですが、僕の自宅はここから二キロほどのところなんですよ。よかったら、うちに来ませんか」

小鴨は恐縮しながらも、厚意を受けることにした。重松は自宅に電話をして妻に事情を話すと、さっそく自宅へと向かった。

自宅に場所を移してからも、初対面とは思えないほど話が弾んだ。

「バルセロナでは大変でしたね」

それが最初の重松の言葉だったと、小鴨は今でも覚えている。選手の気持ちが分かる人だと思った。

重松は、小鴨のこれまでの生い立ち、中学・高校時代のこと、ダイハツに入ってからの練習方法やウエイトコントロールなどに興味深く耳を傾けた。話を聞くにつれ、短期間で急激に成長を遂げた小鴨の素質に改めてほれぼれする思いだった。

小鴨は来年四月から龍谷大学短期大学部に進学することが決まっていると告げると、重松は大きくうなずいた。

「僕も、高校を卒業して九電工に入ったけど、将来のことを考えるうちに、走ることだけではやっていけないと思ったので大学に入り直したんです。あなたが大学で学ぶことは、決して遠回りではない。自分を見つめ直す、大切な二年間になると思います」

実業団を経て大学へ。同じような道のりを歩もうとしている小鴨に大きな勇気を与えてく

重松森雄氏との出会いは小鴨の人生を大きくかえた

れる言葉だった。

小鴨は、重松が世界記録を出したときのエピソードに引き付けられた。重松は一九六五年四月にボストンマラソンにも出場し、二時間一六分三三秒で優勝していた。ウィンザーマラソンはその五三日後のことである。日本人初の五輪選手としてストックホルム五輪に出場し、箱根駅伝の創設に尽力するなど「マラソンの父」と称された金栗四三からは「出場間隔が短すぎる」と忠告されたが、それを振り切って出場しての世界記録だった。「僕は絶対に記録が出ると思っていたんだ」と胸を張った。

数時間は瞬く間に過ぎた。その日の夜に明石に戻ることになっていた小鴨がお礼を述べて帰ろうとした時、重松は声を掛けた。

「あなたほどの才能の持ち主が、このままマラソンの世界から去るのはもったいない。もう一度、走ることを考えてみませんか」

日本の陸上界から、小鴨をこのまま去らせてはいけないと思った。

「私の知り合いの中から、あなたに合うチームを紹介できるかもしれない。走りたくなったら、連絡をください」

玄関を出て、門の前で二人は記念写真に納まった。

「頑張ってください」

「ありがとうございます。お世話になりました」

明石に向かう新幹線の中で、小鴨は重松とやりとりを思い起こしていた。

（もし、もう一度走ることがあれば、重松監督の下で走ってみようか……）

車窓に映る自分の顔を眺めながら小鴨は自分に問いかけ、やがて眼を閉じた。

（まずは短大に行こう。そのあとのことは、それから考えよう）

決意

一九九四年が明けた。一月の大阪国際女子マラソンでは安部友恵（旭化成）が二時間二六分六秒と小鴨や浅利が持っていた日本記録を更新して優勝。小鴨の快挙は過去のものになりつつあった。

四月、龍谷大学短期大学部の社会福祉科に入学。キャンパスは京都市伏見区深草塚本町にあり、同じ伏見区にあった学生寮から電車で通学した。

大学では、子供の保育に必要な基礎理論から、図工・ピアノなどの保育実技、幅広い教養と社会人に必要な知識・スキルを養うための授業が九時から一八時までぎっしりと詰まっていた。ゼミでは、川北典子（現・大谷大学教育学部教授）の指導を受けた。川北は絵本や紙芝居、童謡、玩具などを研究する児童文化学が専門分野だった。

大学に入学した時、小鴨は二二歳。クラスメートは四つほど年下だった。小鴨のことを知ってか知らずか、五輪の話が出ることはなかった。昼休みは学食に集まって、好きなものを食べながらおしゃべりを楽しみ、休日は食事やショッピングに出かけた。この時の友人たちとは今でも付き合いがあるが、「走っていた時の話を聞くと辛い思いをさせるかな」と気を遣ってくれていたことを、あとから知った。ただ、運動部に入っている友人とは、アスリートとしての気持ちの持ち方などについて話をすることもあった。

龍谷短期大学時代の小鴨

ダイハツでは指示された練習メニューを

黙々と消化するだけの毎日だった。仕事も言われたことをこなすだけ。自分で考え、判断することがほとんどなかった。ただ、大学では何事も自分で考えて決めなければいけない。再び社会に出る前にこうした環境に身を置けたことは貴重な経験となった。

龍谷大学陸上部には常勤の指導者が不在で、学生が中心となって練習を行っていた。小鴨は部に所属こそしていたが毎日練習に出るわけではなく、授業が一七時頃に終わる日だけグラウンドに行って汗を流す程度だった。陸上部は一九九四年一一月、当時大阪で開催されていた全日本大学女子駅伝対校選手権大会に出場。インカレで三〇〇〇メートルと一〇〇〇〇メートルの二種目制覇を果たした岡本が一区を走って注目されたが、小鴨は出場していない。


保育士の資格取得を目指し勉強に明け暮れた大学生活の一年目は、あっという間に過ぎていった。年が明けると保育実習も始まったが、実習先の保育園で子供たちを何度も抱き上げているうちに腰を痛めてしまう。

（子供は好きだけど、仕事としてはどうかな……）

そんな迷いが出てきた中で実習に参加したのが修徳学院だった。

修徳学院は大阪府柏原市にある府立の教護院（現在の児童支援施設）で、非行や家庭環境などの理由により、生活指導が必要な子供たちの自立を支援する施設であった。修徳学院に実習に行った陸上部の先輩が、「教護院は勉強になるよ」と話していたのを聞いて、小鴨も関心を持った。敷地内には学舎のほかに寮があり、児童はそこで先生たちと共同生活を送っていた。小鴨を含めた四人の実習生が二週間の教育研修に訪れたのは、夏休みが明けた九月のことであった。

小鴨が担当したのは小学四～六年の男子児童一二人のクラス。非行歴のある子もいると聞いていたため恐る恐る教室に入ったが、接してみるとみな素直でかわいい子ばかり。朝食を共にし、勉強で分からないところがあれば教え、昼休みは一緒に遊んだ。

ちょうど運動会が近づいている時期で、小鴨が児童たちに走り方を指導することになった。

「由水先生は、どういう人か知っている?」

教護院の先生が児童たちに問いかける。

「三年前のオリンピックでマラソンの日本代表になった人だよ」

「すげえ」

沸き立つ教室。

「走っているビデオがあるから、見てみようか」

小鴨が持参した大阪国際女子マラソンのビデオを皆で見た後、五輪に出るまでにどんな練習をしてきたかを語って聞かせた。高校時代、リュックを背に走って登下校したこと。ダイハツ時代の高地トレーニング、減量……。酷暑の中で走ったバルセロナ五輪からは三年以上が経っていた。

「由水お姉ちゃんって、有名人なんや」

児童たちは尊敬の眼差しで小鴨を見つめる。運動場に出てランニングフォームを指導しながら一緒に走っていると、ある児童が声を掛けてきた。

「どうして走るのをやめたんですか」

五輪にまで出た選手が、なぜ今は走っていなのか。そして、どうしてこんなところにいるのか。素朴な疑問だった。

引退会見以来、しばらく投げ掛けられることのなかった言葉。相手が大人であれば、記者会見と同じように「仕事で走るのか嫌になった」と返事をしていたかもしれない。だが、小学生にそう伝えても分かってもらえないだろう。咄嗟に出た言葉は、

「まだ辞めてないよ」

すると二人のやりとりを聞いていた別の児童が、口を開いた。

「また、由水お姉ちゃんが走っているところを見てみたい」

普段は明るく振る舞っているように見える彼らも、注意深く観察していると表情にどこか陰りがあった。甘えん坊で寂しがりや。愛情に飢えているように見えた。彼らがどんな理由でここにいるのかは分からない。ただ、私が走る姿を見れば喜んでくれそうな気がする。何かを感じてもらえるかもしれない。それなら、もう一度走ってみようかな……。そうした思いが頭の中を駆け巡った。

「分かった。もっと練習して、また速く走れるように頑張ってみるね」

別れの日、児童たちは寄せ書きの色紙をプレゼントしてくれた。中心には眼鏡をかけて微笑む小鴨の似顔絵があった。その寄せ書きを見て、小鴨は走ることへの思いを固めた。

大学に戻ると教育実習に参加した学生たちは、ゼミで実習の振り返りを行った。小鴨は、「修徳学院で子供たちに励まされました。もう一度、走ろうと思います」と川北やゼミの仲間たちの前で宣言した。

この実習から一九年後の二〇一四年一〇月、当時の児童から小鴨のフェイスブックにメッセージが届いた。

「こんばんは。由水お姉ちゃん！　修徳に実習に来た時のコト覚えてますか？」

そのメッセージに三年以上も気付かなかったのがいかにも小鴨らしいのだが、「メッセージの名前と写真を見て、すぐに修徳の子だと分かりました。慌てて返信しましたが本当にびっくりしました」。

当時の思い出は、双方の胸の中に今も息づいている。

大学時代、小鴨の競技復帰に影響を与えた人物として、後田幸志のことにも少し触れておきたい。後田は病院の事務職員として働くかたわらトライアスロンのトレーニングを積んでおり、小鴨とは学生寮の近くにあったスポーツジムで知り合った。

1994年、ランナーズ女子駅伝ｉｎ神戸ワイン城に出場した「ワイルドダックス」。後列中央が小鴨

後田はたびたび朝のランニングに小鴨を誘い、二人で木津川の河川敷を一緒に走った。練習後は、「自炊も大変でしょう」と言って自宅に招き、家族と朝食のテーブルを囲んだこともある。勤務先の病院で血液検査の手配もしてくれた。

後田のランニング仲間と「ワイルドダックス」というチームを結成して、神戸市で開催された女子駅伝大会にも出場。大学卒業に際しては送別会も開いてくれた。後田らは口にこそしなかったが、「いつかまた、マラソン選手として復活してくれたら……」という思いが、小鴨には痛いほど伝わってきた。

再び走ることを決意した小鴨は、大学二年の秋、その気持ちを岩田屋女子駅伝部監督の重松に伝えた。重松は創部わずか数年の岩田屋より小鴨にふさわしい場所があるのではとは思ったが、その希望を受け入れることにした。小鴨の加入は岩田屋女子駅伝部に刺激を与え、その知名度向上にもつながるはずだった。

重松は小鴨の受け入れに当たって、ダイハツ監督の鈴木に了承を得ておこうと思った。岩田屋への加入は小鴨本人の意思であるし、ダイハツから直接移籍するわけではないため本来であれば断りを入れる必要はない。しかし重松は、小鴨の競技生活に支障を来す可能性のあることは排除し、何の憂いもない状態で競技に打ち込める環境をつくっておきたかった。

しかし、ダイハツに何度連絡を入れても鈴木は合宿などで不在だと言う。手紙を送っても、なしのつぶてだ。鈴木は、「手紙なんてもらっていないし、重松さんだからといって電話に出ないなんてことも、ないよ」と語るが、重松は、

(退部に当たって鈴木監督と小鴨くんとの間で、やはり何かあったのだろう)

という思いを強くしていた。それでも粘り強く電話をしていると、ようやく陸上部のマネージャーと連絡がついた。重松は人事部長を伴ってダイハツを訪れ、ようやく小鴨の入部について報告をすることができた。事後報告という形で鈴木に挨拶できたのは、小鴨が入社後しばらくしてから、ある大会が行われた競技場で会った時だった。

立郎と祐子も、「もう一度実業団で走りたい」という娘の決意に驚きはしたが、反対はしなかった。挨拶のために小鴨に同伴して福岡まで赴き、重松と食事をした。その誠実な人柄に、

両親も安心したようだった。

　一九九六年四月。二四歳の小鴨は、岩田屋に入社する。元五輪代表選手の入社ということで、入社式には多くの報道陣も駆け付けた。

第五章　再起への迷走

苦　悩

一九三六年に開業した岩田屋は、福岡市の都心・天神に本店を構える九州最大の老舗百貨店である。その岩田屋を舞台に、小鴨の新たな競技生活が始まった。

駅伝部の寮は福岡市博多区千代、福岡県庁や九州大学病院の近くにあった。寮といっても七階建てのワンルームマンションで、サッカーJリーグ・アビスパ福岡や他の実業団の選手のほか、一般住民も暮らしていた。

五時半に起床すると部員たちは福岡県庁前にある東公園の周回コースで朝練を行った後、寮の一階にあった食堂で朝食を済ませ、岩田屋本社まで徒歩で三〇分ほどかけて出勤した。小鴨が配属されたのはスポーツ用品売場で一〇時から一五時まで働いた。

売場ではシューズやTシャツ、ジャージなどの販売を担当。接客に必要な商品知識を得るための勉強もした。のちに主宰するランニング教室で、この時に得たランニングシューズの

岩田屋の入社試験を終え、本店の前で重松森雄監督と握手する

知識が大いに役立つことになる。報道で小鴨のことを知って訪ねてくるファンもいて、サインを頼まれることもあった。売場に来たものの、声を掛けきれなかった人も結構多かったと後から知った。今でも市民ランナーから「昔、岩田屋で小鴨さんからシューズを買いました」と声を掛けられることもある。

勤務を終えるとロッカーで着替え、ジョギングで平和台陸上競技場に向かう。平和台陸上競技場は、福岡城跡などのある舞鶴公園の一角にあり、現在も福岡国際マラソンのスタート・ゴール地点になっている。スポーツ用品売場では立ち仕事だったため、疲れは残る。純粋に競技だけのことを考えると、環境はダイハツほど恵まれてはいなかった。

駅伝部の部員は一〇人。そこに小鴨を含めた四期生四人が加わった。部が発足した一九九三年一一月に六人ギリギリのメンバーで出場した九州実業団対抗女子駅伝では、優勝した旭化成（宮崎）から二一分遅れの最下位に終わったチームが、ＴＯＴＯから移籍してきた山田

1999年1月、選抜女子駅伝北九州大会に出場した岩田屋駅伝部。後列右から3人目が小鴨

貴子の加入もあって力を付け、翌年には全日本実業団対抗女子駅伝に出場。一九九五年一月の選抜女子駅伝北九州大会では山田が区間賞を獲得する活躍もあり、初出場ながら天満屋、鐘紡に次ぐ三位。翌九六年にも三位に入賞するなど、沖電気宮崎、九電工などを追う九州の新興勢力に成長していた。

大学時代に体重が七〇キロ近くまで増えていたこともあり、小鴨は当面の間、部員とは別メニューで体重を絞ることに努めた。「一年目は体づくり、二年目はトラック競技でスピードを磨き、三年目からマラソンに挑戦していく」というのが監督の重松森雄と確認した方針であった。

他の部員たちがアップからジョグ、タイム走などのメニューをこなしていく二時間程度の間、小鴨はトラックの外周部を一人で黙々と走った。同じところを走っていると、ロードに出たり近くの公園に行ったりして環境を変えたくなるものだが、小鴨はひたすら同じところを走り続ける。その集中力・精神力に、重松は「これも素質の一つだ」と唸った。

ランニングや水泳で六〇キロ程度までは短期間で落とすことができた。だが、そこから先は体を動かすだけでは簡単には落ちない。それでも小鴨に焦りはなかった。目指すのは二〇〇〇年のシドニー五輪。まだ十分に時間はあった。

重松は小鴨の素質は認めながらも、一つ気になることがあった。それは小鴨が「燃え尽き症候群」に陥っていないか、ということだった。目標を達成した時、「さらに上を目指そう」と考えるか、「これでもう十分だ」「これ以上は自分には無理だ」と感じるか。重松の懸念は小鴨が無意識のうちに、後者の思考になっていないかということだった。

「何の競技でもそうですが、自分はこれが限界なんだと頭の中にインプットすると、それ以上の記録は出ないものです」

大きな目標を達成した後に次の目標が見出せず、モチベーションが上がらない「燃え尽き症候群」は、世界中で多くのアスリートが経験している。「限界を作らせないように選手たちを導いていくこと」は、指導者人生の中で重松が常に意識していたことでもあった。それはアスリートだけでなく、人格形成においても同じことだと考えていた。

重松はある日、小鴨の身体能力を測定してもらうため、福岡大学に田中宏暁を訪ねた。田中は岩田屋の女子駅伝部が活動を始めてからも協力を惜しまず、創部二年目に岩田屋が初めて海外で高地トレーニングを行った際も、同行して選手たちのデータをとり続けた。

「小鴨さん、あなたはやっぱりすごいよ」

小鴨の最大酸素摂取量の数値を見た田中は興奮を隠さない。小鴨の最大酸素摂取量はダイハツ時代もチーム屈指だったが、改めてその高さが証明されたのだ。「二八％の体脂肪率を一〇％まで落とせば二時間一八分で走れる」と田中は言った。二時間一八分と言えば、世界記録であるクリスチャンセンの二時間二一分六秒を上回るタイムである。

重松も小鴨の身体能力の高さに改めて驚いた。そして同時に、この数値結果を見て小鴨が挑戦する気持ちを取り戻してくれるかもしれないと思った。五輪を目指す上ではこれから先、多くの困難が待ち受けるだろう。しかし、自分に自信を持てれば、強い意志を持って目標に向かっていけるはずだ。田中の研究に絶対的な信頼を置いていた重松は、二時間一八分は難しいにしても、二〇分台は十分に行けると思った。

ただ、復帰への道は平坦ではなかった。入社して一カ月間、小鴨は理想とはほど遠い自分の走りに気持ちは乱れていた。五月に中学時代の恩師・荻野卓に送った手紙には苦悩がにじむ。

《……まだ、気持ちがのってこないのは確かですが、強くなるために、いろいろ考えたり、これでいいのかと悩んだり、暗くなったりしているので、良い方向にいくと信じています。目標に向けて、うまくいっていないのがストレスになり、自分を見失っています。（中略）この一年間、やはり急に頑張りすぎたかなあと感じています。〝もっと気楽にやりなさい〟と監督には、言われているのですが……》

それでも七月には、大分・九重で行われた一週間の高地合宿に小鴨も参加。荻野への暑中見舞いには、「順調に走れています」と報告している。

七月二八日、アトランタ五輪女子マラソン。二大会連続のメダルを目指す有森裕子（リクルート）のほか、真木和（ワコール）、そしてかつてのダイハツの先輩・浅利純子が出場していた。小鴨は、マスコミの要望もあり、重松の自宅でテレビ観戦しながら取材に応じた。四年前にバルセロナで共に走った有森が、アトランタでも銅メダルを獲得。ゴール後のインタビューでは、「初めて自分で自分を褒めたいと思います」との言葉を残した。

「有森さんはバルセロナで銀メダルを取ったあとケガをして走れない時期もあり、苦労も多かったみたいです。そうした困難を乗り越えて有森さんが銅メダルを獲得したことで、自分もシドニーを目指せるのでは、という気持ちにさせてくれました」

夏以降、小鴨の体重は五〇キロ台で行き来していた。ブランクが長い分、復帰までにある程度時間がかかることは重松も覚悟していたが、もう少し早いペースでマラソンに向けて調整していけると考えていただけに、この足踏みは誤算だった。（もう少しウエイトを整えて

福岡・舞鶴公園で重松監督と練習する小鴨

くれれば、もっと走れるのだが……）と重松は思っていた。

上下動を繰り返す体重のグラフを、重松はもどかしい思いで見ていた。

「体重が落とせないのは、やはりメンタル面の影響が大きいと思っていました。体重を落とせと言われ続けていたダイハツ時代を思い出してしまうのか、ここからというところから絞り込めない。田中先生には二時間一八分で走れると言われていましたが、これは並大抵のことではないぞ、と考えを改めました」

復帰

小鴨と重松が復帰レースに選んだのは、入社二年目の一九九七年四月の納戸記念久留米陸上競技大会だった。

まだ十分に体は絞り切れていなかったが、重松はとにかく一歩を踏み出させることにした。

「この大会は、そこまで強い選手も出場しておらず、大きなプレッシャーもかからないだろうということで、小鴨くんには練習のつもりで走ってみなさいと送り出しました」

バルセロナ五輪以来となる約五年ぶりのレース復帰ということで、多くの記者たちが集まった。三〇〇〇メートルを走り一〇分三四秒という平凡な記録だったが、重松の表情は明るかった。

「目標設定タイムは一〇分二〇秒でした。そのタイムはクリアできませんでしたが、その日は五メートルほどの風が吹いていた。その条件を加味すると〝一〇分二〇秒くらいの価値がある〟と記者たちの前で話をしました。リップサービスも多少ありましたが、まずまず順調に復調してきていると思いました」

小鴨が復活の第一歩を踏み出したということで、NHK福岡放送局による半年間の密着取材も始まった。走れない時や、カメラを向けてほしくない時にも密着されることにストレスを感じることも多かったようだ。

「ある時、『私にこう言わせたいんだな』と明らかに分かる質問があったんです。その日は、私の機嫌があまり良くなかったこともあり、敢えてその意図とは逆の答えを言ったこともありました。いま考えると、ちょっと大人げない行動を取ってしまいましたね」

五月には約一カ月の日程で海外合宿を行った。行き先は、小鴨がダイハツ時代にも合宿を行ったアメリカ・コロラド州パゴサスプリングスであった。

「岩田屋の選手はマラソンを本格的にやったことのない選手ばかりだから、海外とはいえ一カ所に籠って合宿をすると飽きがきてダメになる。そこで福岡大学の田中先生とも相談して、毎日宿泊先を変えながら走るようにしていきました。今日はここまで走ろうと決め、その場所で田中先生が宿泊先を探す。小鴨くんが入社する前に行った合宿では一九日の滞在期間中、宿泊先は一一カ所にのぼりました」

1997年の納戸記念久留米陸上競技大会での小鴨（ゼッケン505）

この時は、パゴサスプリングスから北東に向かって四五〇キロ以上の距離を走り続け、ボルダーに到着。兵役中に亡くなった人たちを追悼する「メモリアル・デー（戦没将兵追悼記念日）」に開催されている一〇キロレース「ボルダー・ボルダー」にも出場した。

重松はただ走るだけでなく、選手たちに現地でいろいろな経験をさせ、見聞を広げさせようとした。

「ボルダー・ボルダー」に参加したのもレースを走るためだけでなく、お祭りのように盛り上がる街の雰囲気を味わってほしかったからだ。その後も、近隣の国立公園やディズニーランドを訪れているが、こうした経験は「選手たちの心を養い、人間の幅を広げるために必要なこと」と考えていた。同じ理由で重松は陸上以外の話を聞く機会も設けた。合宿先や遠征先で名の知れた人がいれば、選手たちに話をしてもらった。

「基本は心です。心さえつくればマラソンも強くなると僕は思っています。練習をやれと言うだけではなく、どう心をつくらせるかを考えていました。その思いは今も変わりません」

二〇二〇年に八〇歳を迎える重松は、穏やかに、しかし強く言い切る。

岩田屋女子駅伝部の創設時、重松は第一期生として迎えた六人の新入部員とコーチを前に、「君たちは強くなろうと考える必要はない。ただ、岩田屋の社員の皆さんに愛される人になってほしい」と語った。

「私の好きな言葉に、『日常の五心』というものがある。『はい』という素直な心、『すみません』という反省の心、『おかげさま』という謙虚な心、『私がします』という奉仕の心、『ありがとう』という感謝の心。この五つの心を持つことだけを考えて練習に取り組んでほしい。陸上で結果を出すのは私の仕事だから、それは私に任せてほしい」

高校を卒業して集まってきた二〇歳前の選手たちを預かる監督は、親代わりでもある。陸

九州実業団対抗女子駅伝には両親が応援に駆けつけた

上の指導は大切だが、人を育てることが自分に課された使命だと考えていた。選手と同じ寮に泊まり込み、同じ福岡市内にある自宅には月に一、二回帰ればよい方だった。夜は建物の外から選手たちの部屋の電気が消えたことを確認してから床に就いた。

最初の妻を病で失った重松は当時、再婚した直後だった。陸上の指導に打ち込み家に滅多に帰ってこない夫に、妻は「私は何のためにここに嫁いできたのかしら」とあきれ顔だったという。それでも重松は妻を頼りにしていた。選手たちに悩みがあれば自宅に電話をして、妻に相談に乗ってもらうように頼み込んだ。

「いくら親代わりと言っても、男親と母親の違いがあるからですね。滅多に家には帰らないくせに、そういうことだけ押し付けてね……女房には、本当に感謝していますよ」

二〇一七年六月、重松の喜寿を祝う会には、岩田屋やのちに監督を務めたサニックス、ファーストドリームアスリートクラブなどの教え子ら約一〇〇人が全国から集まった。当時のマネージャーたちが中心になって企画したが参加希望が予想を大きく上回り、会場の都合で参加できなかった人も多かったという。

「あんなにたくさんの人が私のために集まってくれて……これまでの人生でいちばん嬉しかったです。強い選手を育てることはできなかったけど、人を育てるという指導方針は、間違っていなかったんじゃないかと思いました」

四月に復帰レースを果たした小鴨は気持ちの波はありながらも、徐々に調子を上げていた。その年の七月、岩田屋は長崎県の宇久島で合宿を行っている。宇久島は平戸市の西に浮かぶ島で、沖電気宮崎の陸上部も同じ場所で合宿を組んでいた。

荻野に送った手紙からも、心身の充実ぶりがうかがえる。

《……しっかり食べて、しっかり走って、身体も少しずつですが、しぼれてきている感じがします。JOGのペースは今はまだあげていませんが、今までのペースで楽に長く走れるようになってきました。いつも監督には「無理しないように」と言われているので、少し疲れたと思ったら、休養したりしてまた、元気になったら走るようにしています。今はとにかく

走ることが楽しくてしかたない感じです。……》

一九九七年一一月二日、熊本で行われた九州実業団対抗女子駅伝で岩田屋は六位となり、一二月一四日の全日本実業団対抗女子駅伝の出場権を獲得する。エントリーメンバー一〇人の一人に選ばれた小鴨は、当日のメンバー入りを賭けて大会二日前に長野和恵と一〇〇〇メートルのトラック走を行った。長野は小鴨の一年前に入部しており、この年一月の全国都道府県対抗女子駅伝では大分県チームの一区を走っている選手だ。

結果は二秒差で小鴨が先着し、六区（六・五九五キロ）を走ることになった。しかしこの〝メンバー決定戦〟の激走で心身の疲労がとれないまま当日を迎える。ダイハツ時代の一九九一年以来となる檜舞台だったが、区間三五人中三〇位の二一分五二秒という結果に終わり、チームも二五位に沈んだ。

第六章　結婚と出産

入籍

結果が出せなかったとはいえ、実業団のトップチームが集う全日本実業団対抗女子駅伝を走るところまで復調してきた小鴨。ここからいよいよマラソンに向かうはずだったが、その心は徐々に逆方向に傾き始める。

全日本実業団対抗女子駅伝を走り切った後、小鴨の心を満たしていたのは小さな安堵感だった。張りつめていた緊張感をわずかに緩めた時、心の隙間に雑念が入りこんでくる。この先、どうなっていくんだろうという漠然とした不安。家庭を持つことへの憧れ。一九九三年に結婚、その後九六年のアトランタ五輪、九七年世界陸上アテネ大会にも出場した弘山晴美（資生堂）のように、ミセスランナーとして一線で活躍する選手が出始めていた頃だった。

（結婚して競技を続けることもアリなのかな……）

今の環境のまま競技を続けることへの、迷いも生まれていた。

そんなことを考えながら過ごしていたある日、ゲストランナーで出場したマラソン大会の主催者から、段ボール箱いっぱいのミカンが送られてきた。一人では食べきれず、チームメートに配ってもまだ余る。そこで寮の食堂に段ボールを持っていき、厨房の奥に声を掛けた。

「おばちゃん、たくさんミカンをもらったから、食べたい人にあげて」

食堂に段ボールが置かれて数日後、今度は小鴨が食堂の前で呼び止められる。食堂を切り盛りするおばちゃんは気さくな人で、普段からよく言葉を交わしていた。

「これ持っていかんね。おいしいよ」

手作りのパンとケーキだった。ミカンを食べた入居者の男性がお礼に置いていったという。パンもケーキも小鴨の大好物である。ありがたく部屋に持って帰っておいしくいただいた。

翌日、小鴨は食堂に顔を出すと、

「あのパンとケーキ、おいしかったよ。ありがとう」

とお礼を述べた。すると、

「おばちゃんにお礼を言われてもね。よかったら、パンを作った男の子に会ってみる？」

「えーっ⁉」

思いもよらない言葉に、驚きと戸惑いが広がる中で、かすかな胸の高鳴りを感じた。

「お礼も言いたいし……じゃあ、お願いしてもいいですか」

そうして、おばちゃんの部屋で会った男性が松永光司だった。まず、背が高いことに驚いた。小鴨も一七二センチと長身だが、その小鴨が見上げるほどだった。

「松永です」

「初めまして、小鴨といいます」

「へえ、珍しい名前だね」

年は一つ上の二七歳。長崎県出身で、福岡市のホテル「ハイアットリージェンシー福岡」のベーカリー部門で、パンを焼く職人として働いているという。光司は小鴨が岩田屋の駅伝部であることも、バルセロナ五輪に出場したことも知らなかった。

「駅伝部なんだ」

「はい……一応、バルセロナオリンピックに出たんですけど」

「ふーん」

バスケットボールをしていたが、それ以外のスポーツのことには疎かった光司にとって、陸上選手は遠い存在だった。音楽の世界に関心のない人が、世界規模のコンクールに出た人を前にしているようなものだろう。しかし小鴨は、何の先入観もなく今の自分だけを見て話をしてくれる光司に心が安らいだ。

最初は緊張していた二人も、次第に打ち解けていく。話好きな小鴨の口も滑らかになっていった。二人のやりとりを見ていたおばちゃんは、冗談めかした口ぶりで、笑いながら言った。

「せっかくの縁だし、あんたたち付き合えば」

それから二人で時々、会うようになった。どちらかと言えば、小鴨の方が積極的だった。練習が休みの日には一緒に出掛けた。光司といると走ることを忘れられ、リラックスできた。二月一四日に小鴨がチョコレートとプレゼントを渡したことをきっかけに、暗黙の了解で交際が始まる。

ダイハツでは男女交際が禁止だった。恋愛がうまくいかなかったときの気持ちの落ち込みが走りに影響するという理由で、特に女子選手の交際を禁止にする実業団チームが当時は多かった。

監督の重松森雄に光司のことを紹介すると、「競技にプラスになるのであれば、交際しても構わないのではないか」と言ってくれた。

「出産後に世界記録を出したクリスチャンセンのような例もあるし、むしろサポートしてくれる人がそばにいることで、走る方もいい方向に向かうのではないかという期待がありました。ただ、ダメになることもあるかもしれない……という思いも一方ではありました」

走ることに対してどこか集中できない、気持ちが不安定な小鴨が変わるきっかけになるかもしれない。ただ、交際がうまくいかなかった時は、走ることへの影響は避けられないだろ

交際を始めた頃の小鴨と松永光司さん

う。指導者として交際を認めることは、一種の賭けでもあった。

走ることからの現実逃避、と見えなくもない。だが小鴨は逆に「走っていなかったら、恋愛にもっと消極的だったかもしれない」と言う。

「走りに集中ができない時に彼に会うと、気持ちが前向きになる感じでした。彼がいることで、もっと走れるようになると思いました。恋愛や結婚は、走ることの原動力になるんだと。結婚して競技を引退するつもりは全くなかったですし、結婚すれば寮を出てチームとは距離を置き、個人として走るんだ、みたいな気持ちもありました」

そう言って、「でも……」と笑いながら付け足した。

「何だかんだ理由を付けても、この人を逃すと、もう次の出会いはないんじゃないか……という思いが大きかったですかね」

目的がはっきりしている分、行動も早い。小鴨は早く身を落ち着けて、走ることに集中したかった。結婚に向かって、一気にピッチを上げていく。

四月には光司の実家のある長崎県琴海町（現・長崎市）へ出向く。ちょうど交際が始まった頃、光司の祖母が亡くなり、その四十九日の法要に向かう光司に同行した。子供の頃から祖母に可愛がられていた光司は、「亡くなる前に、由水を紹介したかった」と残念がった。車で迎えに来た父の司は、平和公園やグラバー邸などを案内してくれた。家では母の道子が、手料理でもてなしてくれた。

長崎を訪れた翌月には、二人で兵庫県明石市の小鴨の実家を訪れている。光司は立郎に強くもないお酒をさんざん飲まされ、手荒い歓迎を受けた。その後、光司の働くハイアットリージェンシー福岡で両家の顔合わせへと進み、八月二六日に入籍。交際期間半年足らずという〝スピード婚〟だった。

もっとも光司には、結婚を急ぐ理由はなかった。自分という人間を好きになってくれたのか、あるいは走る中での気分転換として自分と会っているのか、小鴨の気持ちを量りかねてもいた。

そんな光司を結婚に踏み切らせたのは、上司のある一言だった。

「小鴨さんと付き合っているらしいけど、走りに影響するようなことはするなよ」

この言葉に光司は心の中で激しく反発した。小鴨を指導する重松からそう言われるのならまだ分かる。しかし、二人には全く関係のない上司に、プライベートなことまで口出しされる筋合いはない。

もともと光司は小鴨がバルセロナで走ったことも知らなかった。小鴨が五輪に出たから付き合い始めたわけではないのだ。

（オリンピックに出たからって、それが何だって言うんだ）

その反発する気持ちが、光司を逆に結婚へと向かわせた。上司や周りに対する意地もあったのかもしれない。

結婚式や披露宴は予定していなかったが、親戚の多い小鴨家には結婚の報告だけはしておいた方がよいということになり、一九九九年一月二六日に神戸市のホテルで親族だけの結婚報告会を行った。一二月二六日生まれで、一月二六日に行われた大阪国際女子マラソンの優勝タイムが二時間二六分二六秒。入籍したのが二六歳の八月二六日。「二六」という数字は小鴨にとって大切な数字だった。

結婚したという知らせを聞いた中学の恩師・荻野卓は、後日用事で福岡を訪れた際、「旦那を紹介してくれ」と小鴨に電話をしてきた。JR博多駅に迎えに来た二人を見つけると、嬉しそうに笑って言った。

「おい、ラーメン食わしてくれ」

突然のリクエストに慌て、「あまりラーメンのことは詳しくないんです……」と頭をかく光司に、荻野は笑顔で催促する。

「アホなこと言いなや。博多で一番うまいラーメン食わしてくれ」

二人で何やら相談していたが、ある店に連れて行ってくれた。店の名前は忘れたが、うまかったなあ……荻野はその日のことを思い起こす。

「お世辞抜きで、爽やかな好青年を見つけたなと思いましたよ」

中学卒業後、陰になり日向となり小鴨を見守り続けてきた荻野は、これで自分の役割は終わったと思った。

苦悩

小鴨は入籍後、寮を出て光司と生活の拠点を福岡市城南区茶山に置いた。岩田屋女子駅伝部をサポートする田中宏暁のいる福岡大学の近くでもある。朝は自宅周辺を一人で走り、勤務を終えてからは平和台陸上競技場でチームメートと一緒に練習した。

交際から結婚に至る過程の中で、小鴨の調子は一進一退を繰り返していた。光司との交際は、少なくとも記録上は目に見える効果をもたらさなかった。

重松がこの時期のことを振り返って、今でも心残りに思っていることが、小鴨をマン・ツー・マンで指導できなかったことだ。

「私が小鴨くんにつきっきりで指導できていれば、もしかしたら違っていたのかもしれません。ただ、高校を卒業したばかりの選手たちを親代わりに預かる身だった当時の私は、一人だけについて指導することはできなかった。小鴨くんを育てることができなかった、ということを考えた時、心に残るのはそのことです」

駅伝部の監督である以上、他の選手にも目を配らなければならないのは仕方のないことだ。ただでさえ女子選手は、指導者が自分以外の選手を熱心に教えることに不満をもつことが多いとされ、それが時としてチームに亀裂をもたらす。また小鴨が所属していたのは「駅伝部」であった。練習はどうしてもスピード重視になる。その環境においてマラソンで復活を志す難しさもあった。

小鴨は調子の良い日には、重松が驚く程の練習をこなした。だが、調子が上がらない時は、重松と二人でミーティングをしていても黙って何も語らず、涙を流すこともたびたびあった。

中学二年までピアノを習っていた小鴨は、先生の言われた通りにうまく弾けない時、自分が情けなくてよく泣いていた。中学時代に立郎から勉強を教えてもらった時も、問題が解けない腹ただしさから涙を流し立郎を驚かせている。自らの不甲斐なさを感じる時、小鴨はそんな自分を責め、その悔しさは涙となって頬を伝った。

そんな小鴨を見て重松はノートに山の絵を描き、それを見せながら語り掛けた。

「小鴨くん、いいかい。人によって山の登り方は違うんだよ。あなたには、あなたに合った登り方がきっとあるはずなんだ。一気に登っていく道が見つかれば一番いいけど、辛ければ途中で休憩しながら、ジグザグに登ってもいいじゃない。頂上に一年でたどり着く人もいれば、五年かかる人もいる。大事なことは頂上に立つことだろ？　だから、焦らずにやっていこう」

焦らなくていい。自分のペースで。重松は辛抱強くそう呼び掛けながら、小鴨の気持ちに寄り添おうとした。

「あまり厳しくやりすぎると、ダイハツの時と同じように、走ることそのものを辞めるかもしれない、という思いが常に頭の隅にありました。それが指導者として甘いと言われれば、そうかもしれない。小鴨くんも物足りなさを感じていたかもしれません」

いま思えばですが、と断った上で、小鴨は二人の監督について語ったことがある。

「重松監督は個人面談をするなど、選手に向き合おうとしていました。選手の気持ちは汲んでくれるのですが、会社に無理なことは言わない。私は『こうした部分を改善してくれたら、もっと走れる』と言ったこともあります。でも重松監督は、『会社がこうしてくれたらできる、ではなくて、あなたがまず行動なり結果を残さないと会社も動かないんだよ』という考えでした。鈴木監督は選手とのコミュニケーションがあまりなく、何を考えているのか分からない監督でした。ただ、選手の走る環境を整えるためには、会社とも闘っていました」

付け加えるなら、重松は岩田屋で数十年にわたって働いてきた社員であり、会社に無理なことは言いづらい立場であった。一方の鈴木は、陸上部を強くするために招かれた指導者であり、その大義名分のもとに必要な予算を要求できた。また億単位の予算を部に投下できたダイハツと地方の一百貨店である岩田屋とでは、選手強化にかける金額も違った。

重松は現役時代、自らに厳しい選手だった。福岡大学ではトラックや平坦なロードだけでの練習に飽き足らず、大学を飛び出して福岡市早良区脇山から南に伸びる山道を一人で駆け上がった。板屋峠を越えて筑紫郡那珂川町（現・那珂川市）に抜け、脇山に戻ってくる約三八キロのコースを何度も走り、世界最高記録を塗り替えた。

「自分で、自分の弱さを知っていましたからね。トラックだと調子が悪ければ途中でやめることができる。しかし、遠くまで走って行けば、必ず帰ってこなければいけない。辞めるという選択肢はないわけです」

自らを厳しく律することで強くなっていった重松は、その強さを選手にも求めようとした。科学トレーニングなどの必要性を感じてはいたが、強くなるための大前提を「選手の気持ち」に求めた。ただ、重松のように自分に厳しくできる選手ばかりではない。

（私は、重松監督のように強くなれない……）

重松のような強さを持てないことを小鴨は痛感し、絶望し、涙を流した。

小鴨は自分を理解してくれようとする重松に引かれ、その指導を希望した。楽しく走りたい。そしてもう一度、速く……。その夢が重松となら、叶えられるかもしれないと思った。

しかし……。

一九九八年一一月二九日の全国実業団対抗女子駅伝、五年連続で出場した岩田屋のエントリーメンバー一〇人の中に小鴨の名前はなかった。入部三年目のこの年、結婚という人生の大きな転機を迎えたが、アスリートとしては特筆する結果は残せなかった。

休部

明けて一九九九年。一月一七日の全国都道府県対抗女子駅伝の福岡県チームには岩田屋から、尾崎佐知恵（一区）、磯部知子（六区）、藤丸麻美（九区）の三人が出場し、初優勝に貢献した。二四日の選抜女子駅伝北九州大会では五位入賞。駅伝部は活躍を続けていた。

だが、この頃から選手たちは嫌な噂を耳にするようになっていた。

「女子駅伝部が休部になるらしい」

駅伝部の成績と反比例するように、岩田屋の経営は厳しさを増しつつあった。西鉄福岡駅ビルの再開発に伴い三越が一九九七年に開業することが決まると、既存の商業施設が増床や新館オープンなどで迎え撃つ「天神流通戦争」と言われる激しい競争に突入した。岩田屋も九六年九月に、若者向けの店舗として「岩田屋Z-SIDE（ジーサイド）」をオープンしたがこれが不振に終わり、九七年二月期決算では初の経常赤字を出していた。三月には博多大丸が、福岡・天神店に東館（エルガーラ）を開業させ、いよいよ競争は激化する。九九年二月期には連結での債務超過額が三〇九億円となり、経営の危機にさらされる事態となっていた。大きな大会で結果を出し、注目されるようになればなるほど、経費削減の対象として女子駅伝部への風当たりは強くなっていった。

「銀行から、女子駅伝部をなくしてはどうかと言われている」ということは一年ほど前から重松の耳にも入るようになっていた。一九九九年一月のある日、重松は社長の中牟田健一に呼ばれた。

「このまま女子駅伝部が活動するのは難しい状況になっている。ただ、できれば駅伝部はなくしたくない。そこで例えば、サニーに部を移すことで、存続させることができないかと考えている。そうなった場合、練習は今まで通りやってもらって結構だが、大会への出場は一年間我慢してほしい」

サニーとは岩田屋の子会社で、スーパーを経営する会社である。

重松は創部に際して中牟田に「これから入ってくる選手たちのためにも、部をなくすということだけは言わないでくださいね」と念を押していた。だが、創業家の中牟田家が私財を売り払って返済に充てていることも聞いていた。苦しそうにそう切り出した中牟田に、これ以上部を続けさせてほしいとは言えなかった。

「社長、そのお言葉は嬉しいですが、そこまで会社が厳しくなっているのなら、残念ですが女子駅伝部は休部にしましょう」

ただ、その年も二人の入部が決まっていた。在籍する選手も含めて、今後のことを考える必要がある。重松は福岡大学の田中に駅伝部が置かれている状況を説明し、選手を受け入れてくれそうな会社があれば連絡してほしいと依頼した。

数日後、田中から話を受けたサニックス（福岡市）の社長・宗政伸一から重松に、「駅伝部のことで話がしたい」と電話が入る。環境衛生関連の事業を行うサニックスは、ラグビー部の強化や多目的スポーツ施設「グローバルアリーナ」の建設など、スポーツ文化を通した地域貢献に力を入れ始めていた。

重松が会いに行くと、「駅伝部をうちの会社で引き受けたい、重松監督にも引き続き指導をお願いしたい」ということだった。重松は、これまでお世話になった岩田屋に骨を埋めるつもりだったが、選手だけを移籍させ、あとは知らんぷりというわけにはいかなかった。

三月のある日、部員たちをミーティング室に集めた重松は、重い口を開く。

「女子駅伝部は四月いっぱいで休部となる」

重松は、君たちの進路は責任をもって準備すると言った。選択肢は四つあった。重松が移籍するサニックスに一緒に移籍する。他の実業団チームに移籍する。岩田屋の陸上同好会で競技を続ける。陸上競技から引退し岩田屋で一社員として働く。

競技を続けるのであれば、重松の指導を受けられ、環境の整ったサニックスへの移籍が最善の選択だった。ただ、サニックスは運動部の活動拠点を福岡県宗像市に整備中の「グローバルアリーナ」に集約させる準備をしていた。となれば、小鴨も生活の場を宗像近郊に移すことになり光司とは別居となる。小鴨にとってはすでに家庭があってこその陸上競技であり、別居は考えられなかった。

また、小鴨は入籍後、個人での競技活動も視野に入れており、実業団に所属することは絶対条件ではなかった。一九九六年のアトランタ五輪で銅メダルを獲得した有森裕子は、肖像権の自主管理などを表明し〝プロ宣言〟を行っていた。一二月には所属していたリクルートを退社し、一九九七年一月に同社と所属契約を結んだ上で九八年春からは「チーム・アリモリ」を編成するなど、実業団の枠を飛び出して活動を始めていた。

結論を出すのに時間はそれほどかからなかった。重松との面談では「岩田屋に残り、働きながら自分のペースで競技を続けたい」と伝えた。重松はさすがに無念の色を隠せなかったが、その希望を受け入れた。

こうして重松の指導の下で五輪を目指した挑戦は、岩田屋女子駅伝部の休部と共に終焉を迎えた。部員一二人のうち七人が重松と共にサニックスへ、二人が別の実業団チームへそれぞれ移籍。二人が現役を引退した。

五月から岩田屋の一社員としての日々が始まった。小鴨は二年目の途中、競技への配慮か

岩田屋女子駅伝部のお別れ会。２列目中央に重松森雄監督、右隣が小鴨

ら総務部に異動となっていたが、再びスポーツ用品売場に戻った。一五時までの勤務はフルタイムとなり、二二時までの残業も珍しくなかった。これでは走る練習の確保もままならない。スポーツ用品売場で百貨店の販売員として仕事をする日々。自分は一体、何をしているのだろう。胸の奥に芽生えた違和感が日に日に膨らんでいった。

ある日、光司にその思いを伝えると、「走れないなら岩田屋にいる意味はないと思う。もう、辞めていいんじゃないか」。その言葉を聞いて踏ん切りがつき、六月いっぱいでの退社を申し出た。

残りわずかな会社員生活を送っていたある日、スポーツ用品売場でパートとして働いていた女性に退職することを告げると、

「小鴨さんに、ぜひ紹介したいところがある」

そう言って紹介してくれたのは、福岡市南区にある「福岡市立障がい者スポーツセンター」だっ

た。福岡市社会福祉事業団が運営する障がい者のための施設で、体育館・温水プール・トレーニング室などを備えていた。体に障がいのあるその女性の夫も施設を利用しており、そこで運動指導員を募集しているという。

岩田屋を辞めた後、ランニングは続けるにしても、それ以外の時間をずっと家で過ごすのもどうかな……と思っていたこともあり、見学に行くことにした。

センターを訪れると、案内役の職員が言った。

「いろんな障がいのある人がいますが、驚かないでくださいね」

その言葉通り、プールでは片脚がない人、腕がない人が泳いでいた。体育館では、車椅子に乗ってバスケットをする人たちの逞しい上半身とアンバランスな細い足が目に留まった。トレーニング室にはケガからの回復を目指してリハビリに来ている人もいる。小鴨は自分のこれまでの経験が生かせるなら、ここで頑張ってみようと思い、七月から臨時職員として勤めることにした。

一九九九年六月末。再起を目指して入社した岩田屋だったが一度もフルマラソンを走ることなく、三年二カ月で別れを告げた。

節目

七月から福岡市立障がい者スポーツセンターの運動指導員として、新たな生活がスタートした。臨時職員のため勤務は一カ月に最大で一二日。週に平均三日のペースだった。

当初はトレーニング室の管理業務をしていたが、一〇月に集中的に講習会に通って「初級障がい者スポーツ指導員」の資格を取得。来場する障がい者へのサポートができる資格を得ると、水泳を習っていた経験を買われプールでの指導を任されるようになる。

視覚障がいのある利用者が来るとコーンを立てて優先コースを設営し、車椅子の利用者はスロープから椅子ごとプールに運んで入水を補助した。クロールの息継ぎのコツをアドバイスすると「分かりやすい」と喜ばれた。股関節に障がいのある利用者とは、股関節の動きを良くする水中運動に取り組んだ。障がい者であっても「少しでも速くなりたい」という思いは健常者と同じだと知った。

「車いすバスケットボール」や「ふうせんバレーボール」などの障がい者スポーツも経験した。目隠しをして球の音を頼りに打ち合う卓球の一種「サウンドテーブルテニス」は、障がい者に全く歯が立たなかった。体を動かしながら、利用者の役に立っていることを実感できるこの仕事は小鴨の性に合っていた。一時期ブランクがあったが今も勤務を続けている。

走ることも続けていた。障がい者スポーツセンターまでの片道約六キロを走って通うこともあり、センターでの勤務がない日は大濠公園で走った。大濠公園は福岡市の中央区にあり、岩田屋時代の練習拠点であった平和台陸上競技場のそばにある都市公園だ。中央には福岡城の外濠として活用された大きな池があり、その周辺部にはゴムチップ舗装された約二キロのジョギングロードが整備されている。福岡市民のランニングのメッカとなっており、毎日多くの市民ランナーが汗を流している。

岩田屋の時からよく走っていた場所だったが、当時は実業団選手ということもあってか話し掛けられることはほとんどなかった。だが岩田屋を辞めてからは市民ランナーから、少しずつ声を掛けられるようになった。小鴨は持ち前の明るさですぐに打ち解け、顔なじみも増えていった。その中に、「大濠ランナーズ」に所属しているランナーもいた。

大濠ランナーズは、大濠公園で走る市民ランナーたちが一九八一年に立ち上げたランニングサークルだ。フルマラソン記録会やミニ駅伝大会、バーベキューなど多くのイベントを企画。福岡大学の田中を講師に迎え「ニコニコペース」をテーマにした講演を行って以来、年に一度の「ランニング講習会」も開催している。こうした縁もあって小鴨も大濠ランナーズに入会し、翌年には講習会で講師役を務めた。

小鴨が大濠ランナーズに入ったことは、メンバーたちの大きな刺激となった。「オリンピックに出場した選手と一緒に走り、話をすることがモチベーションになる」という声も多く聞かれた。記録や順位だけを目標に走ってきた小鴨にとっても、走ることそのものを楽しむ市民ランナーたちの姿勢に、感じるものがあった。

「純粋に走ることを楽しんでいる人もいれば、記録にこだわって走っている人もいますが、どちらの方も仕事としてではなく趣味として続けているのを見て、すごいと思いました。どうすればそこまで走ることが好きになれるんだろうと、皆さんを見ていると思うんですよね」

そういって、目を輝かせる。

ただ、小鴨はまだ楽しんで走るわけにはいかなかった。どうしても出たい大会があったからだ。二〇〇〇年一月の大阪国際女子マラソンであった。

小鴨が岩田屋女子駅伝部にやってきたのは、二〇〇〇年のシドニー五輪を目指すためだった。その目標は遠いものになってしまったが、自分に区切りをつける意味でも、シドニー五輪の選考レースでもあるこの大会だけは走ろうと決めていた。

大会には三大会連続の五輪出場を目指す有森裕子やアトランタに続く五輪出場を狙うダイハツの浅利純子がエントリー。一九九九年の世界陸上一〇〇〇〇メートル四位入賞の弘山晴美（資生堂）、同大会女子マラソン代表の小幡佳代子（営団地下鉄）、世界陸上で二大会連続三位のリディア・シモン（ルーマニア）も参戦していた。

小鴨は、「福岡陸協・松永由水」としてエントリー。記録はともかく、完走はできると思ってスタートしたが、久々のフルマラソンに気持ちが先走ってしまい、最初の五キロを予定より速い一九分台で入るオーバーペースがたたって、ペースは次第に落ちていった。途中から降りだした雨に体力も奪われていく。

沿道からは、八年ぶりに大阪に姿を見せた小鴨に次々と声が掛かる。

「帰ってきてくれたんやねー」

「ありがとうー」

そうした呼び掛けに手を上げて応えながら走っていると、

「手なんか振らんで、はよ走らんかい！」

八年前に優勝した時は、沿道の声も気にならないほど集中していた。周りの声がハッキリ聞こえるということは走りに集中できていないことを意味していたが、それでも声援は嬉しかった。

途中歩きながらも何とかゴールすると、タオルを掛けてくれたスタッフが八年前の優勝時と同じ女性だった。

「おつかれさま、よく頑張ったね」

記録は三時間二四分二六秒。八年前よりも一時間近く遅いタイムで順位は二七〇人中、二五七位だった。不完全燃焼のバルセロナでマラソンを終わらせず、苦しみ、もがきながらも、人生を変えた大阪に戻ってきて走り切った。八年前にさっそうと大阪の街を駆け抜け、日本最高記録を出した小鴨が、先頭から大きく離されながらもゴールを目指す姿に、沿道の人たちは優勝した時以上の声援を送った。

冷たい雨に濡れたウェアを着替え、小鴨は長崎から応援に駆けつけてくれた光司の両親のもとに向かった。

出　産

二〇〇〇年一月の大阪国際女子マラソンで競技生活に一区切りをつけた小鴨は、福岡市立障がい者スポーツセンターで勤務し、大濠ランナーズの仲間たちとランニングを楽しむ日々を送っていた。ゲストランナーの依頼があれば快く引き受け、走ることとは縁が切れなかった。

結婚した時から、いつか子供が欲しいと思っていた。岩田屋を辞め、区切りの大阪を走って、その思いは大きくなっていった。「なかなかできんね」と呟くことが増えた光司の子供への思いは、小鴨以上だったかもしれない。しかし、なかなかその兆しは表れなかった。

この年の暮れ、小鴨と光司は福岡市城南区友丘にマンションを購入して転居することにした。転居といっても、それまで住んでいた城南区茶山の賃貸アパートのすぐ近く。犬や猫でも飼おうかと、ペットが飼える条件のマンションを選んだ。

妊娠が分かったのは新居も決まり、引っ越しに向けた準備に取り掛かろうとしていた一二月のことだった。

体調の変化に気付いた小鴨はある日、はやる気持ちを抑えて薬局で妊娠検査薬を買ってきた。結果は陽性。早速、仕事中の光司に電話をかける。

「私、妊娠したみたい」

喜んでくれると思ったが、返ってきた言葉は、

「えーっ、何で一人で見たんだ。ずっと楽しみにしていたのに！」

いつもは穏やかな光司のものすごい剣幕に驚いたが、「子供ができた時の喜びを二人で分かち合いたかった」と後から聞いて、悪いことをしたと思った。後日、改めて光司と産婦人科を訪れた。妊娠三カ月。超音波で撮影した写真を光司は大事そうに手にして、いつまでも見つめていた。光司は書店で子供の名前に関する本を何冊も買い込んできた。男なら「～司」、女なら「～水」にすることを決め、相性の良い画数などを調べては頭を悩ませている様子だった。

出産が近づくと、小鴨は実家のある兵庫県明石市に戻った。

二〇〇一年八月七日。予定日から四日遅れて、三三三八グラムの元気な男の子が誕生した。二週間後にようやく休みが取れて明石に飛んできた光司は、こわごわとした手つきで息子を抱いた。

「ありがとう。俺もしっかりせんといかんな」

たくさんの悦びに巡り合えるようにと、「悦司《えつじ》」と命名した。

二〇〇二年四月からは、福岡市立障がい者スポーツセンターに復帰した。

悦司の出産後、光司は、「ずっと家にいるとストレスが溜まってしまうから、働きに出た方がいい」と勧めてくれた。ただ、〇歳児を保育園に預けるためには、両親とも一カ月のうち一五日間かつ一日四時間以上働いていることが条件だった。障がい者スポーツセンターの勤務は最大で月に一二日間のため、三日足りないことになる。そこでゲストランナーとしての

生後1カ月の長男・悦司君を抱く小鴨

大会出場と、その準備としてのランニングも「仕事」として認めてもらえないか区役所に相談すると、ゲストランナーの謝礼は収入だと認められた。その練習のために走っている時間を合計すると、不足している三日間の四時間分すなわち一二時間以上になる。区役所でも柔軟に対応してくれ、申立書を提出することで認めてもらえた。

障がい者スポーツセンターが休みの日は

悦司を保育園に預けた後、そのまま大濠公園や福岡大学、油山まで走りに行くこともあった。

一歳半を過ぎたある日、悦司の紙おむつに少しだけ便のシミが付いているのを見つけた。下痢かなと思ったが、このところ便は出ていない。不審に思ってお腹を触ると、下腹部がパンパンに硬くなっていた。慌てて福岡大学病院に連れていきエックス線撮影をすると、腸の中が便でいっぱいになっていることが分かった。おむつに付いていた便のシミは、溜まった便が隙間から漏れ出していたものだった。

すぐに入院。浣腸して下剤を飲ませ点滴、その繰り返しを一週間続けて便を全て外に出すと、悦司の体重は二キロも落ちた。生まれつき腸の神経節細胞がない「ヒルシュスプルング病」の疑いがあるということで、腸の動きから肛門の細胞まで徹底的に検査したところ、肛門で便意を感じる力が普通の人より弱い、ということだった。

便をさせるためにお尻のマッサージをし、献立づくりに頭を悩ませる日々は、悦司が普通に便ができるようになる小学校入学前まで続いた。

ゲストランナーの依頼は絶えることがなかった。直接依頼が来ることもあったが、登録しているイベント会社を通しての依頼もあった。バルセロナの盟友・有森が立ち上げに参画し、スポーツ選手のマネジメントやイベントなどスポーツビジネスを手掛けている「ライツ」もその一つであった。

この時期は、ゲストランナーとして走るために、練習を積んでいるようなものだった。

講演会やゲストランナーの仕事はやっと首が座った長男・悦司と一緒だった。2003年1月福井県大野市での講演会にて、主催者とともに

「二〇〇〇年に大阪で走って、それが引退レースなのかと言われると、うーんと考えてしまう。そもそもマラソン選手の引退って何をもって引退というんでしょうね。全く走らなくなるのが引退なのか。全く走らなくなることが引退なのか。一流でなくなることが引退なのか。仕事として走らないのが引退というならそうかなと思いますが、全く走らないわけではなかったですし……。ただ、オリンピックはもういいかなと。大阪を走って一区切りつけてからは、オリンピックを意識することはなくなりました」

二〇〇三年一一月には、ゲスト枠として東京国際女子マラソンに出場した。シドニー五輪金メダリストの高橋尚子（スカイネットアジア航空）が終盤の大失速で二位に沈み、アテネ五輪出場を逃したレースである。光司も悦司を連れて応援に駆け付け、沿道から声援を送った。ちなみに記録は、三時間一九分二二秒で二二四位であった。

仕　事

毎朝、悦司を保育園に預けに行っていると、いろいろな母親たちに出会う。その中の一人に、「ヤクルトレディ」の制服を着て子供の送迎に来ている女性がいた。いつも笑顔で生き生きしているのが印象的で、そのうち挨拶を交わすようになり、いろんな話をするようになった。

「ヤクルトで働かれているのですか」

「ええ、そうなんですよ」

保育園に子供を預けた後、近くにある営業所に向かい、九時から一四時にかけて周辺地域に商品を配達しているという。その後、営業所に戻り、翌日の準備をして一六時には退社、保育園に子供を迎えに行く。

「幼い子供を抱えながら仕事をしているママさんも多いですよ。子供が急に熱を出した時も他の人がフォローしてくれるし、休みはみんなで調整しながら取っているから保育園の行事にも出やすいしね」

休んだ人の担当エリアは他のスタッフが手分けして配達し、その分は自分たちの報酬になる仕組みだった。小鴨が勤務していた福岡市立障がい者スポーツセンターの勤務は八時四五分から一七時三〇分まで。保育園まで車で三〇分近くかかるため一八時の迎えはいつもギリギリだった。一六時に仕事が終わるなら、一八時まで走ることもできる。子供が熱を出しても休みやすいというのも、大きな魅力だった。

「私もやってみようかな」

こうして二〇〇四年六月から、ヤクルトレディとして働き始める。

小鴨はのちに次男を出産して保育園に預けるまでの期間、タクショク（現・ワタミ）で食材セットや調理済食品などを配達する仕事に就き、さらに二〇一三年からは互助会のベルコでも働くなど、多くの職業を経験している。

「ヤクルトレディ」となる。配達先の玄関で

「人から話を聞いて面白そうだと思ったら、やってみることにはあまり迷わないですね。もしイヤだったら、その時は辞めればいいと思っていますし。母には〝由水は人に乗せられるところがある〟と言われますが、勧められても本当にイヤだったら

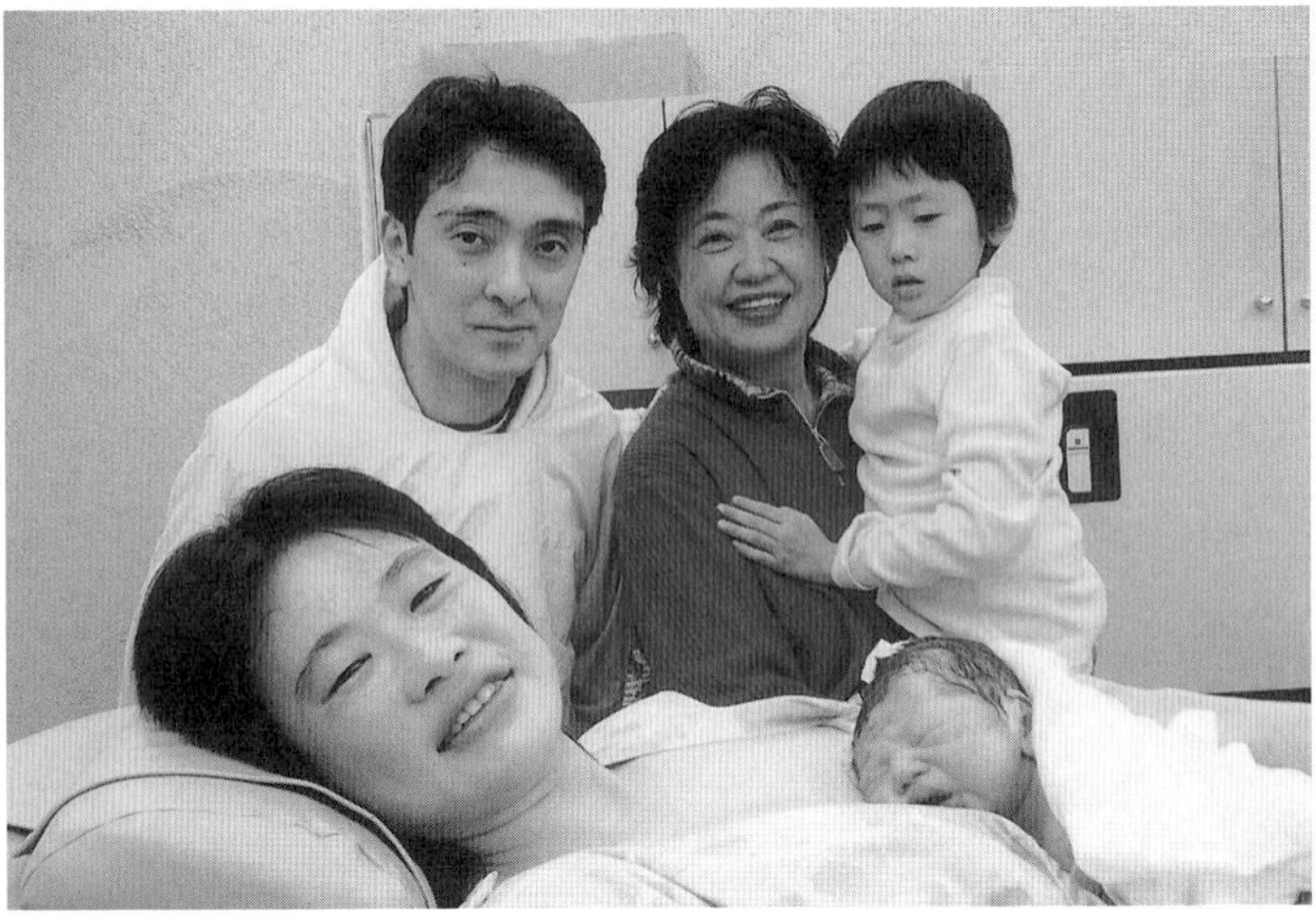

次男・壮司を出産した直後、家族と記念撮影。この後、大量出血する

断っているんだと思うんですよ。だから、話を聞いて〝面白そうだな〟と思っていることだけをやっているつもりです」

二〇〇五年五月には、二人目の妊娠が分かる。悦司の時は里帰り出産だったが、今度は明石から母の祐子に来てもらい福岡で産むことにした。

二〇〇六年一月一〇日、光司と悦司も立ち会った出産は、かなりの難産となった。ようやく出産した後、目を滲ませて言葉に詰まっている光司。四歳の悦司は「ママ、ありがとう」とはっきりと言ってくれた。四人となった家族で記念写真を撮影し、光司と悦司が外に食事へ出た後、意識が朦朧としてきた。ナースコールのボタンを押したところまでは記憶にある。「松永さん！　分かりますか！」

という呼び掛けで目を覚ますと、頬を叩いている看護師の姿がうっすらと目に入った。

子宮からの大量出血だった。上の血圧が一時、五〇まで下がる危険な状態となり、光司は急遽、呼び戻され、輸血の同意書にサインを求められた。その後、体調は回復し無事に退院したが、文字通り命がけで産み落とした次男は「壮司《たけし》」と名付けた。

二〇〇〇年一一月の悦司の妊娠から壮司を出産する〇六年一月までの約五年間は、育児をしながら、障がい者スポーツセンターの運動指導員やヤクルトレディとして働く日々であった。それでも走ることはやめなかった。一人で、あるいは大濠ランナーズのメンバーと一緒に走り続け、ゲストランナーに呼ばれれば応じた。ゲストランナーの依頼や大濠ランナーズの存在が走る推進力となった。

「光司さんの仕事のある日曜日は、大濠ランナーズの定例会に子供を連れて参加していました。合宿に子供と一緒に参加したこともあり、ご年配のメンバーの方によく面倒を見てもらいました。実業団では走ることに対するサポートは手厚く練習に打ち込めましたが、市民ランナーの方に子供を見てもらいながら、楽しく走るのもまたいいなと思いました」

このまま子育てをしながら、市民ランナーとして走っていくことも悪くない。そう思っていた小鴨だったが、やがて再び本格的に陸上に向き合うようになる。

第七章　復活と別離

再　会

次男・壮司を出産して二カ月後の二〇〇六年三月二六日、小鴨はゲストランナーとして「小郡ロードレース大会」（現・福岡小郡ハーフマラソン大会）の会場にいた。

ゲストランナーの打診があった時はすでに壮司を身籠っていたが、「来てくれるだけでいい」という担当者の言葉もあって引き受けていた依頼であった。母の祐子が付き添ってくれ、二人の息子と会場に向かった。

一・五キロをマイペースで走る。久し振りに風を切って走る感覚が気持ちよかった。ゴールすると一〇キロの部に出場する市民ランナーたちが「小鴨さんも一緒に走りましょう」と呼び掛けてくる。気持ちよく走れた直後だったこともあり、「じゃあ、私も……」と予定になかった一〇キロの部にも急遽参加することにした。産後の貧血症状も残っていたため、さすがに最後の三キロは歩いたが、沿道の応援や自分を追い抜いていくランナーたちに手を振りながら、気持ちよく完走した。

ゴールした後、祐子に預けていた壮司のもとに駆け寄って、授乳しながらその幸せそうな顔を見ているうちに、満ち足りた気持ちになってきた。

(やっぱり、走るのはいいな……)

気持ちよく走り切って子供を抱く。実業団時代にはない喜びであった。

壮司を産んだ後、体質が変わったのか母乳を与えるだけで体が細くなってきた。太りやすく、常に体重を落とすことと闘ってきた実業団時代には考えられないことだった。

「これまでは目標や強い気持ちがまずあって、そこに向かって体をつくっている感じでした。ただ次男を産んでからは、走ったら気持ちいいし、自然に体も絞れて走れるようになってきたから、もうちょっと本格的にやってみようかな、と思うようになりました」

気持ちにも余裕が出てきた。

「走ってみると、体が動いている感じがして、タイムを見ると思ったよりも走れている。練習で追い込めている充実感もありました。子供を産んでからは走ることへの新鮮さもありました。最初の練習で大濠公園を一周走ったら八分八秒かかったんです。なんてことないタイムですが、出産後初めてのタイムということですごく新鮮なんですよ。今までだったら、『以前は七分三〇秒で走れていたのに……』とネガティブになっていたと思いますが、『全然走っていなかった割にまずまずのタイムだよね』と受け止めることができた。他人と比べることもなくなりました」

今までは走ることが一番大切だったが、出産後は子供が一番になった。その分、走ることへのこだわりも昔ほどなくなった。練習ができない日があっても仕方ない。自分に対しても寛容になれたことで、走ることが楽しくなってきた。

少しずつ練習に力を入れ始めた二〇〇六年一〇月、ランニングコースの一つになっている福岡大学の陸上競技場に行くと、懐かしい顔を見かけた。岩田屋女子駅伝部の休部と同時にサニックス陸上部監督に就任していた重松森雄であった。

重松は一九九九年四月の岩田屋女子駅伝部休部に伴い、移籍を希望する部員たちとサニックスに移り、二〇〇〇年一〇月には九州実業団女子駅伝で優勝に導いた。〇三年の監督退任後は、福岡大学の田中宏暁らと共に公開講座「ホノルルマラソンを完走しよう！」の講師を務めていた。

「『わあ、監督、久しぶり』と声を掛けて話をしていたのですが、ハッと周りを見るとたくさんのランナーの方が集まられていたんです。『えっ監督、いま何かされているところでしたか』と聞いたら、『公開講座をやっているんです』って言われて、『あっ、すみませんでした』……」

「相当、走っているんだね」

重松は、絞れている小鴨の身体を見て驚いた。

「話を聞くと、もう一度オリンピックを目指したいと言っていました。オリンピックはともかくとして、もう一度走りたいということなら、協力してあげたいと思いました」

七年前と変わらない、もしかしたら当時よりもスリムになった小鴨を見て、気持ちも充実しているのだろうと思った。岩田屋時代、思うような結果に導いてあげられなかった後悔もあった。

この再会がきっかけで、小鴨は翌年からこの公開講座にも講師として呼ばれることになる。講座は六月から半年間、毎週行われ、そこで重松と顔を合わせるようになった。岩田屋退社後、二人の育児をしながらも、再び走ることに向き合おうとしている小鴨に重松は呼び掛けた。

「僕が中学時代から見ている子で、サニックスで走っていた吉冨博子さんというランナーがいます。今はサニックスを辞めて市民ランナーとして走っていますが、小鴨くんの練習パートナーとしてちょうどいいかもしれない。一度、会ってみますか」

吉冨は佐賀県の鹿島実業高校を卒業後、二〇〇二年四月に重松が監督を務めていたサニックス陸上部に入部。故障で一度退部し、その後復帰するが、二〇〇六年一一月末の陸上部の活動停止（のち廃部）により、佐賀市富士町の実家で、家業の花の栽培を手伝いながら一人で練習をしていた。当時二三歳だった吉冨は、二〇〇七年四月の「さが桜マラソン」ハーフ

練習パートナーとなった小鴨（左）と吉冨博子選手。2009 年、宗像市の「グローバルアリーナ」にて

マラソンの部で優勝するなど、市民ランナーとしては高い実力の持ち主であった。今も現役選手として走っており、二〇一八年の福岡マラソンでは二時間三〇分九秒で優勝。三四歳にして自己記録を更新した。二〇一七、一八年だけで二時間三〇分台を一〇度記録するなど、遅咲きランナーとして注目を集めている。

二〇〇七年秋、福岡大学の食堂で重松に引き合わされた二人は重松の指導のもと、大濠公園を拠点に週に三日、練習を共にするようになる。練習日になると小鴨は、六歳の悦司と八カ月の壮司を保育園に預け、大濠公園に向かった。二人は大濠公園から街にも飛び出した。西公園のアップダウンを経て百道浜の砂浜を走り、愛宕山の山頂にある愛宕神社への石段を駆け上がる。神社入口にある茶屋・岩井屋の「いわい餅」でエネルギーを補充して大濠公園に戻ってくるのが二人のお気に入りのコースだった。

重松が現役時代によく走った板屋峠越えのコースも、特に夏場はよく走り込んだ。

「この（板屋峠の）登りを五分から五分半で登り切ったら、三時間は切れるぞ」

重松は二人のあとを車でついていきながら、そう言って二人を励ました。岩田屋時代と違い、小鴨と吉富だけの指導に集中でき、フルマラソンに向けた練習に特化できた重松の指導も熱を帯びた。

板屋峠の西側、福岡・佐賀県境にある標高五八一メートルの三瀬峠にも足を伸ばした。峠を越えた先には吉富の実家がある。福岡市城南区の自宅から、吉富の実家のある佐賀市富士町まで二〇キロ余りを走って行き、そこで花栽培の手伝いをしてアルバイト代をもらうと、同じルートを走って福岡に戻っていくこともあった。

結成

二〇〇八年になると、大濠公園で練習を続ける三人のもとに、フルマラソン三時間切り、「サブスリー」を目指す女性市民ランナーたちが、「一緒に練習をさせてほしい」と加わってくるようになった。メンバーはその後も増え続けて九人となり、三瀬峠の近くにある農家民宿「具座」で合宿を行うなど練習も本格化してきた。真摯に練習に取り組む九人に重松は、「メンバーも増えてきたし、市民ランナーのクラブチームを立ち上げてはどうか」と提案した。

ちょうど〝脱実業団〟の流れが注目されていた時期でもあった。二〇〇七年四月には、資生堂ランニングクラブ監督だった川越学が独立して「セカンドウィンドアスリートクラブ」を設立。二〇〇七年の世界陸上女子マラソン代表の嶋原清子、二〇〇六年東京国際女子マラソン二位の尾崎朱美などが所属、市民ランナーにも広く門戸を開いていた。

メンバーのうち、小鴨や吉冨を含む七人が二〇〇九年一月の大阪国際女子マラソンへの出場を予定しており、その前にチームを発足させることになった。監督は重松が引き受け、部長には福岡大学の公開講座で知り合った高橋昭敏、コーチには大濠ランナーズの福井徹が就いた。高橋は明治大学で箱根駅伝を走った経験があり、福井は駒澤大学の時、大八木弘明（現・同大学陸上競技部監督）のサポートを務めていた。

実業団の廃部、結婚や出産、故障などいろいろな事情で一度は走ることを諦めた女性たち。そんな彼女たちが一番大切にしている夢を実現しよう——チーム名「ファーストドリームアスリートクラブ」にはその思いを込めた。重松の尽力でスポンサー企業も現れた。年間活動費は一〇〇万円に満たない額であったが、希望と共に九人の女性ランナーたちはスタートを切った。

二〇〇九年一月二五日。三七歳の小鴨は、九年ぶりに大阪の舞台に戻ってきた。

競技に区切りをつけるため、とにかく完走だけを目指した九年前とは違う。今回はしっかりと走り込んでいる。サブスリーは十分に狙える状態にあった。

前半飛ばし過ぎた前回の教訓を生かし、一キロ約四分、五キロ約二〇分のペースを守りながら、慎重に自分のペースで走り続けた。ペース配分は問題なかったが、二五キロあたりから足の裏が痛み始める。三〇キロ以降は、その影響もあってか失速し、三度目の大阪は二時間五八分五二秒の五八位でのゴールとなった。

「足の裏にきたのは、実業団時代と同じ薄めのシューズだったのが影響したようです。持久力、スピードは戻っていても、筋力は戻っていなかったんでしょうね。前半、良いペースで走れていただけに残念でした」

ファーストドリームのメンバーでは、吉冨の二時間四六分三二秒（二三位）が最上位だった。

二〇〇九年はファーストドリームの一員として、充実した練習ができていた時期だった。八月には夏のマラソンに挑戦しようと北海道マラソンに出場。二時間五二分五九秒と、バルセロナ五輪の記録を上回るタイムで二〇位に入る。

二〇一〇年一月の大阪国際女子マラソン前には、朝は九〇分間、距離にして一五〜一六キロを走り込み、夜は一二〜一三キロのペース走に取り組んだ。この時期は一日当たり三〇キロ、月にすると八三〇キロを走り込んでおり、ダイハツ時代に匹敵する練習量であった。本

2009年、北海道マラソンに参加したファーストドリーム

番では二時間四五分程度で走れる手応えがあったが、結果は二時間五〇分三〇秒。二週間前に貧血の症状が出た影響もあり目標には届かなかったものの、復帰後のベストを更新した。

二〇一二年に開催されるロンドン五輪までの道のりはまだまだ遠かった。しかし、夢物語として終わらせるには、まだ早すぎた。

講師

小鴨の歩みを追っていくと、大きく三年の周期で次のステージに進んでいることが分かる。ダイハツに在籍したのが丸三年。二年間の短大生活を挟み、岩田屋女子駅伝部での活動もほぼ三年間だった。悦司の妊娠が分かってから、重松に再会するまで二人の子育てを中心とした期間が約六年間である。そして、重松と再会した二〇〇六年秋から、大阪でセカンドベストを出した一〇年一月にかけての約三年間は〝ママさんランナー〟としての充実期であった。

だがこれ以降、ランナーとしての記録は右肩下がりとなっていく。そして次の三年間は、小鴨が指導者としての活動の幅を広げていく時期であった。

長男の悦司は、吉冨と共に練習を開始した翌年の二〇〇八年四月に小学校入学。兄弟一緒に保育園への送迎をしていたこれまでのようにはいかなくなった。そのため高砂市役所を退職した父の立郎に同居してもらい、息子たちの面倒を見てもらうことにした。二〇一〇年に小鴨が大阪でセカンドベストを出した陰には、こうした立郎ら家族の協力もあった。

その立郎に、大阪府立大学農学部時代の同級生・岡本均から電話がかかってきたのは、小鴨が大阪を走り終え、季節が春に向かうある日のことであった。

岡本は当時、福岡市中央区福浜にある西日本短期大学の教授を務めていた。同大学では二〇〇八年四月に健康スポーツコミュニケーション学科を開設しており、その非常勤講師を探していた。岡本の依頼は、小鴨にその役を受けてもらえないか、ということだった。一度話を……ということで大学に出向いた。対応してくれたのは、学科長の陶山三千也《すやまみちや》であった。

講義を通して学生たちの体力向上を図ってほしい。そしてトレーナーや指導員になった時に、どのように指導していけばよいのか、経験をもとに話してほしい。陶山はそう語った。

「私、教員免許を持っていませんが、講師なんかできるのでしょうか」

「いや、その心配はまったくありません。むしろオリンピックに出場した小鴨さんにしか話せないことを、ぜひ学生たちに伝えてほしいのです。そして日常的に運動をしたいという若者をたくさん育ててください。小鴨さんのやりたいようにやっていただいてかまいません」

その言葉に心を動かされた小鴨は、「私でよければ、ぜひやらせてください」と快諾した。

担当するのは前期（四〜九月）が「ウォーキング&ジョギング」の一五コマで、健康運動実践指導者の資格を取るための必修科目であった。後期（一〇〜三月）が「ジョギング&ランニング」の一五コマで、前期の授業をベースに、ランニングのことをもっと学びたい学生のための選択科目であった。

週に一度の授業が始まった。「学生たちに運動する習慣を身に付けてほしい」という陶山の要望に応えるため、小鴨は二五人の学生を自身のランニングコースである大濠公園や西公園、百道浜などに連れ出した。景色を楽しみながらウォーキングやジョギングを行い、歩き方や走り方を指導した。また、どの程度の運動でどの程度心拍数が上がるかを確認するなど、健康運動実践指導者として必要な知識も実践を通して身に付けさせた。

福岡大学の田中が提唱する「ニコニコペース」でのスロージョギングも取り入れた。学生を二人一組にして一人は早歩き、もう一人は同じ速さで走らせ、無理なく身体を動かす楽し

西日本短大の学生とウオーキングをする小鴨（右）2010 年、大濠公園

さを体験させた。ウォーキング中はおしゃべりにも花が咲き、小鴨も学生たちに「オリンピックの時の話を聞かせてください」と頼まれることもあった。授業の出席率は高く、専攻していない学生が「運動不足なので、参加していいですか」と、飛び入り参加することもあった。

小鴨の授業は、本人の言葉を借りれば「出たとこ勝負」。一五回分の構成は考えてはいたが雨で外に出られない日もあり、計画通りに進むわけではなかった。当日の学生たちの雰囲気や学習意欲などをふまえ、希望も取り入れながら、その日の授業内容を決めた。雨の日は座学に充てることが多く、時には体育館でバスケットボールをすることもあった。「今日はどんな授業だろう」。型にはまらない、楽しい授業として小鴨の講義は人気を集めた。

ゲストランナーだけでなく講演の依頼も多い小

鴨だが、事前の準備をあまりしない。登壇して会場の様子を感じながら話を進めていく「出たとこ勝負」の講演は、好評を博している。

伴走

「伴走に協力してくれる人を探しているのですが……」

小鴨が西日本短期大学での講師を始めた頃、福岡市立障がい者スポーツセンターに一本の電話がかかってきた。電話の主は、のちに二〇一六年のリオデジャネイロ・パラリンピック女子マラソン（視覚障がい）で銀メダルを獲得することになる道下《みちした》美里《みさと》だった。

道下は山口県下関市出身。小学四年の時に、膠様滴状角膜ジストロフィーという難病を発症、中学生の時に右目を失明する。短大卒業後、調理師免許を取得するが左目も発症し、二六歳の時に山口県立盲学校（現・山口県立下関南総合支援学校）に入学。運動不足を解消するために走り始めると、二〇〇六年のジャパンパラリンピックでは八〇〇メートルと一五〇〇メートルで当時の日本記録を更新。二〇〇七年八月のＩＢＳＡ（国際視覚障害者スポーツ連盟）世界選手権ブラジル大会の一五〇〇メートルでは五位入賞を果たす。

その後、フルマラソンへ転向し、二〇〇九年四月に初マラソンとなった「かすみがうらマラソン兼国際盲人マラソンかすみがうら大会」で優勝。二〇一〇年の結婚を機に夫の地元・

福岡に転居すると「大濠公園ブラインドランナーズクラブ」に所属し、大濠公園や自宅に近い春日公園などで練習を積んでいた。

視覚障がいのあるブラインドランナーには伴走者の存在が不可欠で、両者は「きずな」と呼ばれる両端を輪にしたロープを握って走る。毎日練習をしようとすれば一人でも多くの伴走ボランティアを確保しておくことが必要になる。新たな土地で伴走者を探そうと、道下は障がい者スポーツセンターを頼ってきたのだ。

小鴨はヤクルトレディとして働き始めた二〇〇四年に障がい者スポーツセンターを一度退職したが、二〇〇八年に復職していた。道下の依頼を受けた上司は小鴨を呼んだ。

「うちで道下選手の希望に応えられるのは、あなたしかいない」

後日、小鴨は障がい者スポーツセンターを訪ねてきた道下と対面する。小鴨よりも六歳年下。三〇歳を超えていたが、爽やかな笑顔に加え、身長一四四センチと小柄なこともあって、「かわいい人だな」というのが第一印象だった。

体は小さな道下だが、夢は大きかった。

「マラソンで日本記録を出したい」

明るくハキハキと夢を語る道下に好感を抱いた小鴨は、二つ返事で伴走者を引き受け、大濠公園で週に一度、練習をすることにした。

練習初日、小鴨はいきなり伴走の難しさに直面する。一七二センチの小鴨と、一四四セン

筑後川マラソンで10キロを完走し、仲間と記念撮影する小鴨（後列右）と道下美里さん（前列右）

チの道下ではピッチや歩幅も全然違う。走るタイミングが合わないのだ。そこで、道下のリズムに合わせようと「きずな」を持つ左手だけを小さく振って走ってみた。何度か繰り返すうちに、少しずつコツをつかんでいく。

伴走者の役割は、単に「きずな」を持って並走するだけではない。選手が安全に走れるように常に周囲を見渡しながら、段差など障がい物の有無やコースの高低などを的確に伝えなければならない。選手の様子をうかがいながら、ペース配分に気を配る必要もある。そのため、伴走者にはブラインドランナー以上の走力が求められる。

徐々に息が合うようになってきた二人はその年の一〇月、筑後川マラソンの一〇キロの部に出場。一般ランナーに交じって見事入賞を果たす。「とっても走りやすかったです」。その言葉で、小鴨は全てが報われた気持ちになった。

その後も小鴨は、さらに上のステージでの活躍を期待して、道下を板屋峠越えの三〇キロコースにも連れ出した。重松も車で二人の後を走り、給水を手伝ってくれた。道下は急激に力を付けていった。

翌年、小鴨の伴走から「卒業」した道下は、走るたびに記録を伸ばしていった。二〇一三年一月の大阪国際女子マラソンでは当時の日本記録を更新。二〇一四年一二月の防府読売マラソンでは二時間五九分二一秒で、サブスリーを達成した。二〇一六年のリオデジャネイロ・パラリンピックで銀メダルを獲得し、その名は全国に知れ渡った。

その後も二〇一七年一二月の防府読売マラソンでは二時間五六分一四秒の世界最高記録で優勝、ロンドンで開催された二〇一七年、一八年の「世界パラ陸上競技マラソンワールドカップ」で連続優勝するなど、世界レベルの選手に成長。東京パラリンピックでの金メダルを目指している。

離脱

西日本短期大学での非常勤講師、道下の伴走など、新たな活動を開始した小鴨。この年は福岡市立障がい者スポーツセンターでも、知的障がい者向けのランニング教室を企画、小鴨

知的障がい者向けのランニング教室は「かものこクラブ」の結成へとつながる。知的障がい児の伴走をする小鴨

はスタッフの一員として特別支援学校などに通う児童たちに月に一回、大濠公園で走り方を指導するようになった。

こうした活動の合間を縫って、ファーストドリームでの練習も継続していた。しかし新しいことを始めるということは、一つのことに費やしてきたエネルギーを分散することを意味する。

二〇一〇年八月の北海道マラソンは途中棄権に終わった。一〇キロ手前で腹痛に襲われる不運もあり、二五キロ付近で走ることを辞めてしまったのだ。ファーストドリーム発足以来、順調に記録を伸ばしてきた小鴨にとって初めての挫折となった。今まで通りの練習でいいのだろうか。何かを変えないと、記録は伸びないのではないか。気持ちの迷いが出てきた。

ちょうどその頃、メンバーの一人も通っていた整体院を訪れ、筋膜リリースの施術をしてもらった。筋肉を覆っている膜（筋膜）のうち、使い過ぎで硬くなった部分をリリースする、すなわち解きほぐすことで、疲労回復や関節の可動域を広げるマッサージだ。

その整体院のオーナーから、スポンサーを募って小鴨を支援したいという話があった。後日、オーナーを重松や部長の高橋に引き合わせ、その計画についての説明をしてもらった。それは小鴨の記憶よれば「相談」だったのだが、重松は「話は分かりました。そこまで決まっているなら、あなたたちでやってください」と話を打ち切ってしまった。

ただ、重松の記憶では、小鴨から「ファーストドリームを辞めたい」と申し出があったことになっている。理由を聞くとそのオーナーから、「ロンドン五輪を目指すなら協賛会員を募り、支援組織を作りたい」という提案があり、その話に乗ろうと思う、と言うのだ。とにかくその人を一度連れてきなさいということで、高橋を交えて話を聞いた。二時間五〇分程度でしか走れない今の小鴨に、そこまで支援が集まるだろうかと疑問を抱いたが、「小鴨くんの意思であれば仕方ない」と了承した。「しかし誰がコーチをするの」と尋ねると、引き続き重松にお願いしたいという。あまりに虫の良い話に重松は半ば呆れ、「ファーストドリームの監督という立場上、それは無理だよ」と断ったという。

やりとりの中でボタンの掛け違いがあったのかもしれないが、いずれにせよ、この件がきっかけで小鴨はファーストドリームを去ることになる。九月いっぱいでチームを離れたが、その辞め方は決して円満、というものではなかったようだ。チームを離れるにあたってメンバーに挨拶をするタイミングをうかがっていたところ、「そういうことは別にしなくていいみたいよ」とメンバーから伝え聞いたこともあり、最後の挨拶もできなかった。

一〇月からは再び一人で練習を始めた。競い合う存在がいれば頑張ろうと思えるが、一人での練習になると甘えも出てくる。調子が上がらない日は、「今日は無理せずにやめておこう」と切り上げることも増えた。大濠公園に行くと重松やファーストドリームのメンバーもいて、顔を合わせ辛い。精神的にも練習に集中できる環境ではなかった。

二〇一一年一月の大阪国際女子マラソンは三時間三八秒で五六位に終わった。

別離

二〇〇六年一月に次男・壮司を出産後、小鴨は復活に向けて練習量を増やしていった。一方の光司も小鴨が岩田屋を退職した頃、ハイアットリージェンシー福岡から地場スーパー「レッドキャベツ」に転職、パン部門の主任として多忙を極めるようになった。そこで小鴨の父・立郎に同居してもらい、しばらく子供たちの面倒を見てもらうことにした。

光司は、小鴨が走ることに反対していたわけではなかった。ゲストランナーで家を空ける時は家で子供を見てくれたし、仕事の都合がつけば応援にも駆け付けた。一緒にハーフマラソンを走ったこともある。岩田屋を退社した後、「最後に大阪国際女子マラソンを走りたい」と言った時も理解してくれた。小鴨もこの大阪を機に走ることから離れるつもりだったし、壮司を出産するまでは実際に走る時間も減った。

ところが出産後、小鴨が再びランナーとしての復活に向けて動き出した。

（もう、本格的に走ることは辞めたんじゃなかったのか……）

事前に相談もなく練習を始めたことで、光司の心に不信感が生じた。

小鴨は家でじっとしているタイプではなかった。自分でやりたいことを見つけると、そこに向かって一目散に駆けていく。小鴨自身、「あなたについていきます、という性格ではないから……。家庭に入ろうと思った時期もありましたが、自分がやりたいと思うことをしたい、という気持ちが根本にあると思います」と言っている。

走ることにどう向き合うか悩むことがあっても、光司に相談することはほとんどなかった。高校時代、誰に言われるでもなく通学路を一人で走ったように、全てを自分で決め、行動に移す強さがあった。だが、夫の立場からしてみれば、その強さは独りよがりな行動に映った。初めの頃は「もっと自分に相談してほしい」「頼ってくれていい」と言っていた光司は、やがて「オレはそんなに頼りにならないのか……」と思うようになった。何事にも積極的で頼もしい妻だと思う反面、家庭のことはもっと二人で話し合うべきではないかという気持ちが拭えなかった。

光司は次第に口数も少なくなっていった。家にいる時も自分の部屋からほとんど出てこなくなった。環境を変えようと、立郎に明石に戻ってもらった後も、ぎくしゃくした関係が修復されることはなかった。夫婦の会話も減り、用事は子供を介して伝えることが増えた。

小鴨は小鴨で、不満があるならはっきり言って欲しいと思っていた。しかし自分から、「何が不満なの？」と聞くことはなかった。会話もない、お互い何を考えているか分からない夫婦が一緒にいる意味があるのか。小鴨もフラストレーションが溜まっていく。

ファーストドリームから離れ、大阪では不本意な成績に終わった小鴨は、走ることに対して中途半端なまま向き合っている自身へのいら立ちもあった。

「もう一度走りたいのかどうか、自分でも分からなくなっていました。そんな自分にも嫌気がさして、どうしてよいか分からない状態で。彼は相談してほしいと言うのですが、走ることに対する悩みは、彼に言っても分からないだろうなと思っていましたから……」

膨らみ切ったお互いの不満が爆発するのは、時間の問題であった。

ある夜、些細なことで言い争いになった。お互いに鬱積していた思いが口をついて溢れ出す。小鴨はもう、その言葉を口にすることを止められなかった。

「もう結婚している意味がない、別れよう」

光司も後には引けない。

「分かったよ、離婚しよう」

ただ、離婚に向けては冷静に話し合いが進んだ。子供のことや諸手続きのことを考えて姓は「松永」のままにし、光司がローンを払うマンションに小鴨と子供二人が住み続けることにした。その代わり、光司から養育費は一切受け取らないことにした。光司は、離婚しても子供たちには定期的に会いたいと言った。子供たちが光司のことをどれだけ好きでいるか、小鴨もよく分かっている。その方がいいと思った。そのため二人で近くに単身者用の住まいを探すことにした。

ある日、不動産業者から「見てもらいたい物件がある」と連絡があり、二人でマンションを出たところ、下校中の悦司、壮司と鉢合わせした。

「二人でどこに行くの」

まだ離婚のことは話していなかったが、もうごまかせない。二人を車に乗せて、マンションの下見に行った。

なぜ、家があるのに新しい部屋が必要なのか。不思議そうにしている一一歳の悦司に、ここがタイミングだと思い、小鴨は口を開いた。

「パパとママはね……離婚して、別々に住むことにしたの」

絶対に嫌だと怒り、泣きわめくかと身構えたが、悦司は落ち着いていた。家の中でも口を利かない二人を見ていて、感じるところがあったのかもしれない。

「分かった」

悦司は静かに言った。

「でも、新しいパパやママはいらないから」

「もちろん、そんなことはないよ。パパとママは別々に暮らした方が、仲良くやれるから」

二〇一一年五月。光司との一三年足らずの結婚生活にピリオドを打った。

光司が子供たちと会うのは、毎週日曜日の夕方にした。光司は仕事を終えて子供たちを迎えに来ると、外食して戻ってくる。たまに玩具や洋服を買ってくれることもあった。「いってらっしゃい」「ありがとう」に始まり、「最近、仕事は忙しいの？」といった言葉も自然に出るようになった。光司も「今日は子供たちにこれを買ってあげたから……」と報告をしてくる。

子煩悩だった光司は、子供たちの保育園や学校の行事には欠かさず出席していた。家庭訪問の日はいつもより早めに出勤してパンを焼き、先生が来る時間に合わせて一度帰宅、子供たちの学校の様子について耳を傾けた。運動会の日はパンを焼き終えると場所取りに並ぶ小鴨と交代し、少しでもいい場所を確保して子供たちに声援を送った。その姿勢は離婚しても変わらなかった。授業参観でばったり会うと、「来てたの」と照れ臭そうに笑った。傍目には仲の良い夫婦であり、家族に映ったかもしれない。

一度できた大きな溝は簡単に埋めることはできない。それでも、子供を通して二人は徐々に距離を取り戻しつつあった。お互いに別の道を歩みながら、親としてできることは協力する。そんな関係が二人の出した結論であった。

その当時、小鴨には、福岡市立障がい者スポーツセンターの運動指導員、西日本短期大学の非常勤講師としての収入があったが、十分な額とは言えなかった。ゲストランナーや講演などの謝礼に、児童福祉手当の支給を受けて、家計はトントンというところだった。

（もう少し、働かないといけないかな……）

そんな不安も抱えながら、小鴨はシングルマザーとしての歩みを始めた。

終　幕

二〇一〇年九月にファーストドリームを離れて以来、一人で練習を積んでいたが、翌年の大阪国際女子マラソンで三時間を切れず、家庭の問題による精神的な落ち込みもあって練習に集中できない日々が続いた。

ちょうどそのころ、ダイハツ時代の先輩・藤村信子が母校である京都・南丹《なんたん》高校の陸上部顧問を務めていた縁もあり、二〇一一年八月に長野の「しらびそ高原」での合宿に参加する機会を得た。しらびそ高原での合宿となれば、話は自然とダイハツ時代へと遡っていく。そしてかつての指導者であった、鈴木従道にも。

鈴木は二〇〇五年一一月にダイハツの監督を退任。日本陸連の強化委員長だった澤木啓祐からの要請もあり、二〇〇六年からは競歩の指導に当たり北京五輪七位入賞の山崎勇喜を育てた。二〇一一年からは母校である日大駅伝部でヘッドコーチに就任。その後、監督に就任して名門復活に乗り出していた。

二〇一〇年一二月で小鴨は三九歳になっていた。ただ、弘山晴美のように四〇歳になって二時間三五分台を記録した選手もいる。独り身になったことで練習に集中できるようになった今、本気でマラソンに取り組む最後のチャンスであった。今でも連絡を取り合っているという藤村から鈴木の話を聞いて、かつて自身を五輪に導いてくれた強く厳しい指導者に、もう一度見てもらいたい気持ちが膨らんでいった。

ただ、鈴木に指導を願い出るのは、小鴨にとって勇気のいることだった。バルセロナ五輪での辞退騒動で鈴木やチームメートを振り回したという思い、五輪後はまともに走れないまま、逃げるようにして退社した後ろめたさもある。葛藤の日々が続いた。

この年の九月、熊本でインカレが開かれることになっていた。日大を指導する鈴木も、当然やってくる。このチャンスを逃すと、もう会う機会がないと覚悟を決めた小鴨は、「電話が怖いならメールをしてみたら」と藤村から聞いていた鈴木の携帯のアドレスにメッセージを送った。一度。二度。返信は返って来なかった。ようやく何度目かの送信の後、「会ってもいい」という返信が届いた。

およそ二〇年ぶりの対面。ダイハツ時代にお世話になったお礼を述べる小鴨に、「（久々の小鴨との対面も）特に何も感じなかったね」という鈴木の対応は、つれないものだった。

「もう一度、走りたいと思っています。監督に指導をお願いできないでしょうか……」

そう切り出した小鴨に、鈴木は後ろ向きだった。いまの自分は日大の復活を託されている身だ。福岡で生活する小鴨を個別に見る時間はないことは、少し考えれば分かることだ。「難しいな」。返事はにべもなかった。だが小鴨も諦めない。「アドバイスをしてくれるだけでもいいんです」。しばらく考えて鈴木は答えた。「メールでやりとりするくらいかな」

しばらくは小鴨が練習内容をメールで送り、何度かに一度の割合で鈴木からも返信がきた。面と向かって話をすると、つっけんどんな印象を与える鈴木も、練習日誌やメールでのやりとりになると打って変わって丁寧で、細やかな気遣いを見せる。

「今日はよく頑張ったな」

「仕事も子育てもしながらの二時間四〇分、五〇分は、二時間三〇分くらいの価値がある」

しかしダイハツ時代のように、毎日付きっ切りで指導を受けていた頃とはやはり違う。一月の神戸マラソンでは三時間一分三三秒。翌二〇一二年一月の大阪国際女子マラソンは三時間三八秒。いずれも結果は出せなかった。

二〇一二年八月にも小鴨は、長野県小諸市の高峰高原で行われた日大の合宿に参加した。朝、四〇分ほどのジョグをした後、本練習では二五キロ走をこなすなど本格的な練習に取り組んだ。メールでは励まし、激励してくれる鈴木も、直接会って話をすると容赦ない。

「全くフォームがなってない」

「四時間くらいのジョガーならいいが、二時間三〇分で走りたいのなら体重を落として、腕振り、腹筋背筋をしなくちゃ」

「本気でやる気持ちがあるのか。やらないのなら子供のためにも走らない方がよい」

鈴木は、ダイハツ時代から何も変わっていなかった。だが、小鴨には大切な子供がいた。責任ある仕事も抱えている。二〇歳の時と同じようなエネルギーで鈴木の言葉に向かっていくことは難しかった。

この高峰合宿が、中学時代から走り続けてきた小鴨のプロランナーとしての終着駅となった。

前世

走ることをやめては、また走り出す。ダイハツを退社してからの小鴨は、その繰り返しであった。五輪を目指すと言ってみたり、走ることを楽しみたいと言ってみたり、気持ちの変化も激しかった。何が小鴨の走るスイッチを押しているのだろうか。

ある時、小鴨はこんな話をした。

「ずっと走っていると、走るのが嫌になるのですが、ちょっと休むとまた走りたいなと思うようになるんです。……私、前世は『飛脚』だったらしいんですよ」

飛脚とは江戸時代、手紙・書類・金銀などの小荷物配達を職業とした人のことである。

「飛脚は走り続けるのが仕事ですが、どこかで休養が必要じゃないですか。休養しないと走り出せない。まさしくそれが私かなと。だからずっと走ることを続けているのですが、だけど休養も必要で、それが終わるとまた走り出す。そう考えるとプロのランナーというより、市民ランナー的な要素の方が強いのかなと思うんです」

市民ランナーが走る理由はそれぞれだが、共通しているのは、「走るのが好き」「走ることを楽しみたい」ということだろう。小鴨の本質が市民ランナーであると考えると、これまでの決断も理解できてくる。

バルセロナ五輪で結果を出せなかったとはいえ、当時まだ二〇歳。次を目指せる年齢にも関わらずダイハツを辞めたのは、楽しく走ることができなくなったから。岩田屋駅伝部を選んだのも重松の下でなら、楽しく走れそうだったから。そこで五輪を目指したのは、走るからには少しでも良い記録を目指したいから。三時間前後のタイムで何とか完走するという、元五輪代表選手としては残念な姿を晒すことも気にならない。

端から見ると、紆余曲折をたどっているように見えても、小鴨の中では走ることに対するスタンスは一貫していたのかもしれない。

「年齢を重ねて、挑戦の仕方も変わってくると思うんです。オリンピックという舞台や、二時間三〇分を切る世界が全てではない。例えば、今の自分の年齢に対してどのくらいの記録で走れるかという挑戦もあるわけです。市民ランナーって、そこを大切にして走り続けていると思うんです」

小鴨が今も多くのマラソン大会でゲストランナーに招かれ、あるいは多くの市民ランナーから慕われているのは、元五輪代表という肩書もさることながら、むしろその勲章を感じさせない目線の低さがあるからだろう。

「ある市民ランナーの方に『小鴨さんって、市民ランナーの要素が大きいよね』と言われたことがあります。ただし、オリンピックにも出られるくらいの、〝最強の市民ランナー〟だと。走ることへのスタンスは市民ランナーでありながら、それなりに素質があり、条件が整った時に大きな記録が出た。でも、気持ちは市民ランナーだから、記録が出せなくなっても走り続けられるのだと思います」

大阪で優勝しなくても、フルマラソンで一度納得できる走りができた段階で、小鴨は実業団生活に見切りをつけていただろう。そして、市民ランナーとして走り続けたに違いない。〝誤算〟だったのは、最初のレースで五輪出場という最大級の勲章を得たがゆえに、日の丸という名のドレスを纏わされたシンデレラになってしまったことだった。ただ、ドレスを着ていたのは、紛れもなく一人の市民ランナーだったのである。

第八章　指導者の道

かものこクラブ

二〇一〇年、福岡市立障がい者スポーツセンターが、知的障がい者向けのランニング教室を開催したことは先に触れた。特別支援学校などに通う児童に、月に一回の練習会を行うものだった。

障がい者スポーツセンターで身体障がい者を指導していた小鴨だったが、知的障がい者や自閉症の子供たちと接する機会はこれまでなかった。それでも、走ることを教えるという点で迷いはなかった。

「陸上の指導にはゴールというものはないし、正解もない。それにそれぞれの個性に合わせて速く走れる環境に導いていくという本質は、指導する相手が誰であっても変わらないですからね。とにかく、これもまた勉強だと思いました」

知的障がい者や自閉症の子供たちは、自宅から外に出るだけでも大変なことだ。そのため、まずはスタートラインに立ったことを褒める。練習ではスタッフが付いて、声を掛けながら伴走する。ただ、彼らは時に思いもよらない行動をとることがある。鳥を見つけて追い掛ける子。大濠公園を一周するたび同じトイレにこもる子。急に反転して走りだす子。しかし、誰もそれをとがめたりはしない。それが一人一人の「個性」なのだ。

こちらが心配しなくても、児童たちは純粋に走ることを楽しんでくれた。笑顔で気持ちよさそうに走る彼らに、小鴨も走ることの楽しさを改めて教わった気がした。

教室は一年で終了したが、保護者たちから「せっかく走る楽しさを覚えた子供たちのために、指導を続けてほしい」という声が挙がった。他にも同じような教室はあるが、また一から環境に慣れることから始めなければならない。そこで小鴨は個人で彼らのためのランニング教室を立ち上げることにした。

二〇一一年四月。小鴨が教えるランニングクラブは、保護者たちによって「かものこクラブ」と名付けられた。前年のランニング教室に通っていた児童のうち八人が参加。小鴨が個人的に指導している市民ランナーや西日本短期大学の学生たちの協力を得ながら、月に一度、大濠公園で教室をスタートさせた。

練習をする上で何か目標を持とう、ということで、福岡市障がい者スポーツ協会が主催する「大濠公園障がい者駅伝大会」への出場を目指した。事前に申告したタイムとのタイム差で順位を競い、タイム差が少ないチームが上位となるこの大会への出場を一つの目標とした。

「かものこクラブ」は表立って募集はしなかったが、口コミなどで入会者も増え、現在は知的障がいのある小学生から四〇歳すぎまでの一九人がメンバーとなっている。三〇人ほどの市民ランナーが運営を支援するボランティアスタッフとして登録しており、その中でスケジュールの合う人が毎回七～八人集まり、小鴨をサポートしている。

大濠公園で「かものこクラブ」のメンバーと

「それぞれ障がいの度合いも違うし、体調も毎日違うわけです。だから、その日の印象だけで、『この人はこんな人なんだ』と判断するのは良くないと思っています。私は全体を見る立場ですが、個々の子供たちの状態は近くにいる伴走者の方がよく把握していますから、その方から詳しく話を聞くように気を付けています」

教室運営は、多くの伴走ボランティアの協力によって成り立っている。小鴨が紡いできたランニング人生のネットワークが、知的障がいのあるランナーたちを陰で支えている。

九州ダックス

二〇一一年の大阪以来、小鴨はマラソン出場からは遠ざかっていたが、大濠公園などで市民ランナーたちと走ることは続けていた。中でも「大濠ランナーズ」の花田まりと一緒に走ることが多かった。花田はサブスリーを目指して練習を積んでおり、小鴨にもいろいろとアドバイスを仰いでいた。

「いつも私のために時間を割いてアドバイスをしてもらっているから、会費を受け取ってくれませんか」

ある日の練習の後、花田は小鴨にそう伝えた。驚いた小鴨は、

「私個人の経験から気付いたことを伝えているだけだから、お金はもらえない」

と断ったが、花田がどうしてもと言う。

「じゃあ、こうしよう。今度の大阪で、まりさんが三時間を切ったら、私も自分の指導が正しかったと納得ができる。その時に会費をいただく……ということにしてはどう?」

その提案を受け入れた花田は一層練習に精を出し、二〇一三年一月の大阪国際女子マラソンで二時間五六分五九秒と、見事にサブスリーを達成。以後、花田の練習メニューをつくり、

大濠公園を走る九州ダックスのメンバー

指導することで毎月会費を受け取るようになった。これを契機に二月から、ランニングの個別指導教室「九州ダックス」をスタートさせた。これまで小鴨が講師を務めたランニング教室の受講生や大濠公園で走る市民ランナーたちが噂を聞きつけ集まり、女性を中心に二五人ほどが入会した。

個々のレベルや目標に合わせて小鴨が作ったメニューに従ってメンバーは日々練習し、その結果を書き込んでインターネットのサーバー上で共有。週に一度は小鴨が直接練習を見てアドバイスする。当初はメンバーの都合のつく日に練習を見ていたが、人数も増えたため現在は水曜日夜と土曜日朝を合同練習日としている。

メニューを作って初めて会費（月額五〇〇〇円）が発生するため、まずは試しにアドバイスを受けることもできる。その中から自分の目標を達成したい人、会費を払うことを走るモチベーションにしたいという人、仲間たちと楽しみながら走りたいという人などが入会してくる。

山下眞由美は、「九州ダックス」創設当初に入会したメンバーの一人だ。当初はスポーツクラブで運動をしていたが、小鴨も講師の一人として携わっていた福岡大学の公開講座「ホノルルマラソンを完走しよう！」に参加したことをきっかけに、走ることへの関心を持つようになる。公開講座の修了者が立ち上げた「福岡ニコニコ走ろう会」を経て、九州ダックスに入会した。

「まずは、楽しく走りたいという思いがありました。走ることの楽しさを教えてくれたのが田中（宏暁）先生の福大公開講座であり、『福岡ニコニコ走ろう会』でした。大会に出るようになると、少しでも速く走れたらもっと楽しいだろうな……と思うようになりました。そんな時にダックスが創設され、友達も入会しているのを知って私も入会することにしたんです」

ダックスでは楽しく走れるうえ、どの大会に出て、どのくらいのタイムで走りたいと言えば、それに合わせた練習メニューを作ってくれるのが魅力だった。土曜日の練習後はメンバーたちとコーヒー片手に陸上談義に花を咲かせるのが楽しみになっている。

「目標を達成すると、走ることがさらに楽しくなります。目標に向けて練習しながら、練習前後にメンバーのみんなと楽しくおしゃべりもする。そのメリハリが私には合っていました」

野田明子も、福岡大学の公開講座「ホノルルマラソンを完走しよう！」から「福岡ニコニコ走ろう会」を経て、九州ダックスに入会した一人だ。

「学生時代の友人や職場の同僚とはまた違った仲間ができ、自分の世界が広がりました。同じ目標を持つ仲間なので、走ることについてもいろいろ教えてもらえますしね」

野田は二〇一〇年に出場したホノルルマラソンで世界各国のランナーが集うマラソン大会に魅了され、以後一年に一度、海外の大会に出場。ボストン、ニューヨーク、ベルリン、シカゴ、ロンドン、そして最後に二〇一八年二月の東京マラソンに参加し、「世界六大マラソン」すべてを経験した。「楽しみの中にも本当に小さなことですが目標を掲げて、それをクリアする喜びがあります」。

ダックスでは練習が終わった後も、メンバーの輪がなかなか解けない。半年ほど前に入会した内田美佳子が言う。

「ダックス以外のランナーたちも入れ替わり立ち代わり小鴨先生に声を掛けるから、そこでまた別の話が始まるんです。自分にも関係のある話も多いから、なかなかその場から離れられず、気が付くと一時間くらい経っていることもあります」

気軽に話かけられ、それでいて走ることになると専門的な話が聞ける。小鴨の周りには、いつもランナーが集まってくる。もちろん小鴨もメンバーとの雑談は楽しみの一つだ。

「メンバー同士のコミュニケーションも大切ですからね。……ただ、話がつい長くなってしまうことが玉に瑕ですが」

周りのメンバーたちは、「そう、そう」と笑いながらうなずいた。

駅伝部

九州ダックスを創設した二カ月後の二〇一三年四月には、西日本短期大学に駅伝部が創部され、その監督にも就任した。しかし集まったのは男女三人ずつ。最低でも男子は七人、女子は六人の部員がいなければ全国大会を目指すこともできない。全員が陸上未経験者だったこともあって、九州ダックスのメンバーと一緒に大濠公園や油山などを走り、まずは体を動かすことから始めた。

二〇一五年四月には、全国高校駅伝で五位入賞の実績もある北九州市立高から森歩美が入部してきた。高校三年の時は故障で思うように走れなかったが、もう一度、本格的に走ることに取り組みたいという。小鴨は自身も高校三年の時に故障した経験を話し、熱心に指導した。森は卒業後、リラクゼーションスペースで知られるラフィネの陸上部に所属し、競技に向き合っている。

「駅伝部は、強豪大学や実業団に進むほどは力はないけど走ることが好き、という学生たちの受け皿になれたらと思っています。二年間走りながら、将来走ることにどう向き合うかを考える場もあっていいのかなと。森さんは意味のある二年間を過ごしたと思います」

二〇一三年秋には、「かものこクラブ」のメンバーで、「海の中道海浜公園リレーマラソン」に挑んだ。一〇人一組でたすきをつなぎ四二・一九五キロを走るものだが、四時間の時間制限がある。計算上では一キロを五分四〇秒で走れば間に合う。「かものこ」のメンバーの実力を考えると決して楽なタイムではなかったが、思い切ってエントリーした。

一周二キロのコースを交互に二回ずつ走り、最後は全員で〇・一九五キロを走ってゴールする計画を立てた。途中でコースを外れないよう、一回目は全員に伴走者を付けると、二回目は指示を受けなくても自発的に順番を待ち、たすきを受け渡していった。普段の生活では順番を待つことさえ苦手な子供たちが……小鴨はその成長ぶりに驚かされた。最後は全員で万歳して笑顔でゴール。制限時間をオーバーすることなく三時間三八分台で走り切った。

「松永さん、ありがとうございました」

笑顔でゴールする我が子の姿に、思わず涙ぐむ保護者もいた。

「かものこクラブ」のメンバーは、走ることを通じて逞しく成長していった。その一人、福澤涼真の伸びは目を見張るものがあった。自閉症で言葉はあまり出ないものの、いつもにこにこ顔の好青年。小鴨が伴走して三キロレースを走ったのがきっかけで、「かものこクラブ」に入会していた。走るたびにタイムを縮め、完走できる距離を伸ばしていった福澤が二〇歳になった時、小鴨はフルマラソンへの挑戦を提案した。

決して体が強いわけではなかったが、いつも福澤は楽しそうに走る。その気持ちを持ち続けることができれば、完走も決して不可能ではないと小鴨は判断した。その話を親に持ち掛けると、「ぜひ、本人の夢を実現させたい」と言う。

二〇一六年一〇月の「筑後川マラソン」でフルマラソンを完走した福澤は、続いて翌月の福岡マラソンでも完走を果たす。

「息子は松永さんと走るのが好きみたいなんです。息子が福岡マラソンを走ることがあれば、ぜひ一緒にゴールしてやってもらえませんか」と頼まれていた小鴨は、途中で福澤を待ち受けると一緒に走り始めた。「足が痛い」と苦しそうだったが、最後までレースを投げ出すことはなかった。

結果にこだわらず好きだから走る——福澤をはじめ「かものこ」たちの姿は小鴨を初心に立ち戻らせてくれる。

死別

二〇一四年二月二〇日木曜日の午前、自宅の電話が鳴った。受話器を取ると光司が勤める会社の上司だった。なぜ、光司の会社から?……そう思う間もなく、上司の切迫した声が受話器越しに飛び込んできた。

「ご主人がアルバイトの面接中に急に倒れ、救急車で病院に搬送されました。すぐに病院に行ってあげてください」

慌てて教えられた病院に駆けつけると、光司はドクターヘリで久留米大学病院に運ばれた後だった。そこで初めて光司の病名を知る。

マルファン症候群に伴う大動脈解離。

心臓の近くの太い血管が裂け、一般の病院で手の施しようがなく設備の整った大学病院へ運ばれたのだ。病院に電話をするとすでに手術が始まっていて、時間が掛かりそうだという。そこで小鴨は一度帰宅し、病院からの連絡を待つことにした。学校から帰ってきた息子たちに事情を説明すると、顔色が変わった。

翌金曜日の夕方、小鴨は息子たちを連れて久留米大学病院に向かった。病院に到着し、足早に集中治療室（ＩＣＵ）に向かう。

部屋に入ると光司は、たくさんの医療器具につながれて横たわっていた。目は開いたまま。

小鴨はその姿を見た瞬間に覚悟を決めた。

小学六年の悦司は数日前に会ったばかりの光司の変わり果てた姿に、大声を上げて泣いた。二年生の壮司は事情が呑み込めないのか、下を向いたままだ。

「声は聞こえるはずです。話し掛けてみてください」

医師の言葉に小鴨はベッドに近寄る。

「…………」

言葉が出なかった。

「子供たちと一緒に、家で待っているからね」

そう言うのが精いっぱいだった。

病院に泊まることも考えたが、ショックを受けた子供たちは家に帰りたいという。すっかり夜も更けた中、自宅に向かう車内は重苦しい空気が漂う。

「これがパパに会える最後かもしれんよ」

二人の子供にそう呟いたが、反応はなかった。

自宅に戻った小鴨は深夜、一人パソコンに向かい、自身のフェイスブックを立ち上げると、キーボードを打ち始めた。


《先程、久留米大学病院から帰宅いたしました。三年前に別離した彼が、20（木）の仕事中に倒れて、運ばれました。大動脈瘤破裂で、本当だったら即死状態だったと思いますが、手術や心臓マッサージでＩＣＵで会うことが出来ました。息子たちと最後の別れをしてきました。彼と別れたとは言え二三年間一緒に過ごし、別れた後も必ず息子たちに会ってくれていましたので、本当に感謝してます。今までありがとう。これからも見守っていてくださいね》

まだ光司はＩＣＵで必死の治療を受けていたが、小鴨は光司の死を覚悟していた。眠れぬ夜が明けた。土曜日は九州ダックスの合同練習日である。小鴨はいつもと同じように大濠公園に行った。とにかく、じっとしていることに耐えられなかった。病院に行っても何もできないし、家にいてもふさぎこんでしまう。誰でもいいから話を聞いてもらいたかった。

フェイスブックの書き込みを読んでいたメンバーもいて、小鴨がやってきたことに驚いた。集まったメンバーを前に改めて光司のことを報告する小鴨に、メンバーは声を掛けた。

「こんなところにいて、いいんですか？」

「今日は練習はいいから、病院に行ってください」

小鴨は悄然として俯いたまま、首を振った。

「病院に行っても何もできないから……」

その場にいた山下眞由美は振り返る。

「多分、その時が初めてだったと思いますね。狼狽されているというか、笑顔じゃなかったのは。ものすごくショックを受けていて。いつもと表情が全然違いました」

ダックスのメンバーの前では何とか気丈に振舞っていたが、その後、当時チームのトレーナーとして関わっていた上村征二と話をしているうちに思いが溢れてきて泣き崩れた。

「その時、私たちはそれぞれのメニューに従って走っていたのですが、小鴨先生が泣き崩れている姿を見て、なぜか安心しました。私たちの前では指導者として弱いところは見せられなかったと思うんですが、感情を出せる相手がいたのはよかったなと……」

野田明子も、何とも言えない気持ちでその姿を見ていた。

「ダックスのメンバーに話ができたことが少しでも救いになったのであれば、よかったと思いました。小鴨先生にはランニングという大きなバックボーンがあるから、そこで悲しみを共有できる場があるんだと思いました」

以前、知人が子供を亡くした時、小鴨はすぐに電話をできずにいた。なんと声を掛けてよいか分からなかったからだ。しかし後日、別の知人から「一度電話をしてあげて」と言われた。理由を聞くと「とにかく誰かと話をしたい、と言っている」と言う。自分が近い人を亡くした立場になった今、その思いがよく分かるような気がした。

「周りは何と声を掛けたらいいか分からないだろうし、遠慮もあって連絡することをためらうと思いますが、それでも連絡して、話を聞いてあげるのが一番だと思います」

二月二三日日曜日午前九時四二分。松永光司は旅立った。享年四三。

翌日、長崎市で葬儀が行われた。集中治療室では泣き叫んだ長男の悦司は、静かに棺の中に横たわる父親の手や指を触っていた。その大きさ、感触を確かめているかのようだった。八歳になったばかりの壮司は泣き叫んだ。「パパー、いやだー」。棺に縋り付いて離れようとしない壮司を、最後は小鴨が泣きながら引き離した。

火葬を終えると、子供たちも一緒に骨を拾った。「子供には見せない方がいいのでは……」と心配してくれる親族もいたが、二人はしっかりとした態度で骨を拾った。

葬儀が終わると、何事もなかったように日常が始まった。

小鴨は三月一日には日帰りで兵庫県西明石の川崎重工業の社内駅伝大会に参加。九日には山口県宇部市の「くすのきカントリーマラソン」でゲストランナーとしてフルマラソンを走った。悦司は三月一七日、光司がいれば必ず来ていたであろう小学校の卒業式を迎えた。

長男・悦司の七五三の家族の記念写真

亡くなって一、二カ月は光司のことを誰かに話すと、病院でのことが鮮明に思い出されて涙が溢れてきた。この世から姿を消しても、光司は小鴨の心の中に棲みついているかのように、以前にも増してその存在を近くに感じた。

半年ほど経ったある日、悦司が「今日、パパの夢を見たよ」と言ってきた。

「パパが上から下りてきて、

『やっと悦司に会えた』と嬉しそうしていたと言うんです。そして、『パパは今、おばあちゃんと一緒に暮らしている。だから心配しないで』。『早く悦司に会いに行きたいと思っていたけど、下の世界に行くには順番があって、やっと自分の番が来て下りてきたけど、すぐに上の世界に戻らないといけない。また順番が来たら下りてくるから』。そう言っていたと」

両親が共働きだった光司は、おばあちゃん子だった。長崎に行った時も、必ず祖母のお墓を奇麗にしていた。しかし光司が祖母に可愛がられていたことを悦司に話したことはない。光司は本当に下りてきたのかもしれないと思った。

あの世というものが本当にあって、そこから見守ってくれている。離婚して離れて暮らすようになった光司が、再び三人のもとに戻ってきてくれた。そんな気がした。

徐々にではあるが、三人は日常を取り戻していった。六月のある日、小鴨のフェイスブックの書き込みに、日常生活の一端がうかがえる。

《中学1年の長男が、先週行われた期末考査の結果を持って帰ってきて、あまりにもトホホだったので、思わず「お母さんが中学1年の時は、もっと良かったよー」と言ってしまい、先ほど同じテストをやってみました〜

なんと、2点負けてしまい、トホホ……でした。30年勉強から離れると忘れてしまうもの

ですね……ちなみに社会科です。私たちの時より難しいのは確かでした。》

光司が亡くなって、五年が経つ。

「寂しさは意外とないんです。三人のうち常に誰かが話している。こんなこと言ったらなんですが、離婚直前よりも会話は増えていると思います。父親が亡くなると家族の会話が減ったり、父親の話をすることを遠慮するようになると聞いたことがありますが、うちの子供たちはよくパパの話をしていますね。もっとも、四人で仲良く暮らしていて急に一人いなくなったら……こうはいかなかったと思います」

悦司は多くは語らないが今も時々、光司が夢に出てきているようだ。

「私の夢には出てこないんですよ。何でも自分で決めてしまうし、いろいろな仕事をやりくりしているのを見ているから、あいつは大丈夫だと思っているんでしょうね」

少し不満そうに、小鴨はそう言った。

第九章　使命への目覚め

営業職

光司の死に際して、小鴨がただ一つ悔やんでいるのが、「いくら費用がかかってもいいから、治してください」の一言が言えなかったことだった。離婚の際に生命保険・医療保険を解約していた。目の前に多くの医療器具が並んだ集中治療室で、真っ先に治療費のことが頭をよぎった自分を悔しく思った。

義母の道子に「光司は保険に入っていなかったの?」と尋ねられ、「実は……」と保険を解約していたことを伝えた時の申し訳なさは、今も心に深く残っている。光司の入院治療費は全額、光司の両親が支払ったが、小鴨は保険の必要性を初めて身に染みて感じた。

結婚後、「保険は入っておかないとダメだ」と言ったのは光司の方だった。そういう光司だったから、離婚後もお互いが落ち着いたら改めて生命保険に入り、受取人を子供たちにしようという話をしていた。そして、そろそろ保険の検討でも……と話していた矢先に光司が倒れてしまった。

　マンション購入時、住宅ローンの契約者が死亡した時や高度障がいを抱えた時に、それ以降のローンの返済が免除される「団体信用生命保険」に入っていたため、残金は支払いが免除された。その手続きで銀行に行った時、銀行内の保険窓口を紹介してもらい、いくつかの保険商品を紹介してもらった。友人が加入していた保険会社の担当者を紹介してもらい、そこでも話を聞いた。どの保険にしようか検討していた六月のある日、村上里美から連絡があった。

　以前、小鴨と同じマンションに住んでいた村上はその後、大分・日田市に転居、保険会社で働きながら福岡には月に一度、用事で訪れていたが、その時に小鴨に偶然会うことがたびたびあった。

（月に一度しか福岡には来ないのに、松永さんとはよく会うな……）

　その後、福岡に戻ってきていた村上は、そうした経緯もあってか、ふと小鴨のことを思い出した。久々にランチでもしようと連絡した。

　村上としては近況を聞きながら、場合によっては保険の提案もできればと考えていたが、聞くと光司が亡くなったと言うではないか。生命保険への加入もちょうど考えていると言う。子供のこと、今の仕事のことなどを聞いた村上は、小鴨に語り掛けた。

「それだったら、自分自身で保険の仕事をしながら勉強し、自分の手で家族にピッタリの保険を作ってみたらどう？　そうした経験も、必ず仕事にも生きるから」

その足で、村上が勤務する富国生命福岡南営業所に向かった。ちょうど営業所長の三木毅が在席していた。村上から小鴨のことを聞いた三木は、「そういう経験をされたあなたなら、きっと多くの人たちに保険の大切さを伝えることができると思いますよ」と背中を押してくれた。

自分に保険の営業など務まるだろうか、という不安はあったが、辛い思いをした自分だからこそ、伝えられることもあるかもしれないと思った。正社員という待遇の魅力もある。相手の話をじっくり聞き、適切な保険商品を提案する仕事にも興味を持った。

三木に障がい者スポーツセンターや西日本短期大学のことを相談すると、今まで通り働いてもらってかまわない、と言う。障がい者スポーツセンターでも、「入る日を減らしてでも継続してほしい」ということだった。

二〇一四年九月から富国生命保険の保険外交員として働き始めた。入社後、一カ月間は生命保険一般課程試験に向けた研修があり、試験に合格した後は富国生命の研修を一カ月間受け、一一月から営業活動を開始した。当初は職域団体（職団）訪問で福岡県庁に出向き昼休みの一時間、職員にアンケートを書いてもらったり、話を聞かせてもらったりした。中には小鴨のことを知っている人もいて、

「なぜ小鴨さんが、福岡で生命保険のセールスをしているんですか⁉」

と驚かれることも少なくなかった。

マネージャーとして小鴨の指導に当たった村上は、当時のことを思い起こす。

「新人外交員はまず自分のことを知ってもらう、信頼してもらうことから始めるのですが、知名度も人脈もある松永さんは、その部分はすでにクリアしていました。知り合いの方から紹介された方を次々訪問していましたから、営業所にはほとんどいなかったですし、戻ってくるのも遅かったですよ」

給与は、最低基本給と歩合給の組み合わせだった。学資保険は子供が生まれた時に提案すると比較的決まりやすかったが、歩合給として大きいのは、特約組み立て型総合保険の方だ。死亡時や要介護時への備え、がんなどの医療保障を相手の年齢や家庭・健康・経済状況に応じて組み合わせ提案する総合保険は、その家族のことを十分に把握することが求められる。相手の懐に深く入り込まないといけないのだ。

最初に契約が取れたのは、西日本短期大学の学務課の職員だった。授業の後、「富国生命で働くことになりました」と挨拶に行くと、タイミングよく「損害保険は扱っていますか？」と尋ねられ、そこから生命保険の契約につながった。ランニングで培った人脈も大きな力になった。福岡マラソンの取材に来た女性記者が妊娠中と分かり、学資保険を提案、契約につなげたこともある。逆に、生命保険の契約をした人が小鴨のランニング教室のことを知り、走り始めたケースもあった。

村上は、外交員として小鴨は特殊な存在だったと言う。

「松永さんのすごいところは、保険の仕事をしながらスポーツセンター、短大の講師、マラソンの指導、講演など、普通の人ができない活動をしていたところです。そこでの出会いもたくさんあったと思いますし、その中で皆さんのお役に立つ情報の一つとして保険があるという感じでした。狙って契約を取るというより、ご縁の中で自然と契約につながる感じでした」

保険のように目に見えない商品を売る時には人柄や信頼性に加え、その提案に相手の共感が得られるかが決め手になることが多い。共感を呼ぶための材料も小鴨は豊富に持っていた。

村上はそう分析する。

「マラソンの経験だけでなく、ご主人のこともありましたし、障がいのある人にも寄り添える。光の部分だけでなく、陰の部分も経験している。そうした話をしていると相手の方から、『実は……』と保険のことを相談してくることがあります。松永さんは、これまでの経験をフルに生かしていたと思いますよ。そういう意味では、ピッタリの仕事だったと思います」

二〇一五年七月には、全国の新人外交員で六番目の成績を上げ「ルーキー賞」を獲得する。

「六月は記念月（キャンペーン月）でみんな頑張って取ってくる月ですが、みんな六月に頑張ってホッとしている時に、私は七月にガーッと入ったというだけで。たまたまなんですけどね」

富国生命に在籍していた三年半の間、契約がゼロという月はなかった。

使命

小鴨は押しの強いタイプではなかったし、話上手というわけでもなかったが、常にアンテナを張っておくことを心掛けていた。

富国生命保険の保険外交員として働く

ここで少し小鴨の〝営業術〟を紹介しよう。

「どの営業にもそれぞれチャンスが訪れていると思うのですが、それをチャンスだと気づかないまま、通り過ぎてしまう人もいるように思います」

保険の契約を伸ばしている人に共通しているのは、家族に何かが起きた時に、何がどう困るかについて、リアリティーをもって伝えられるかだと言う。

「私も保険のことなんて深く考えていなかったけど、いざ夫がそういう状態になった時、〝いくらかかってもいいから治してください〟と言えなかった後悔のことを話します。もちろん普段の生活のことを考えると、保険料が負担になり過ぎてもいけない。その辺をことも含めてお話しすると、少なくとも検討はしてくれます。この検討してくれる人の数を、どれだけ増やせるかですね」

そして、最後はやはり訪問数がものを言ってくる。

「私は幸い、ある程度名前を知ってもらえていますが、それでも数を当たらなければ始まりません。いろんなところに顔を出して、種まきをすることが大事だと思いますね。ただ、訪問先にアンケートを置いてくるだけでは、なかなか厳しいのも確かです。それでも、今やっていることは無駄にならない、いつかどこかで結びつくと信じてコツコツとやっていたら、どこからか光が差し込んできます。その方から契約は取れなくても、別の方を紹介してもらい、そこからいいご縁につながることもあります。何より仕事は楽しまないと続きません。できなかったことより、できた自分を素直に褒めていけば、少しずつでも前に進めます」

目標を定め、そこに向かって日々努力していくという点で、「営業はスポーツの世界と似ている」という言葉は冒頭に紹介した通りだ。スポーツの試合・大会が、営業ではクロージングに該当する。そして結果を出すには、日々のプロセスがものをいう。

保険のことで大きな後悔を経験したからこそ、保険のことをよく知らない人に、その大切さを伝えないといけない。話し方が上手であるとか、そういうことではなくて、その思いを伝えていかないといけない――。その気持ちが相手に伝わり、結果として契約につながっている、というのが小鴨の実感だ。

「この会社と出会ったのは光司さんのことがあったからです。彼が引き合わせてくれて、『ここで頑張れ』と言っているように感じるんですよ」

富国生命に入った後、不思議なことがいくつかあった。営業所のそばにパン屋があり、どこかで見たことがあるな、と思って店に入ると、光司の職場の先輩の店であった。一度光司と来たことがあったが場所までは覚えておらず、それがたまたま営業所の近くにあったのだ。

「光司さんが亡くなった後、生前お世話になった人たちにどう知らせようかと思っていたんです。その先輩の奥さんのことも知っていたから光司さんが亡くなったことを話すと、関係者の間では知られていたようです。あまりにも急で、葬儀も長崎だったから行けなかったけど、気になっていたと言われて。私が富国生命に入らなければ、挨拶もできなかったんです」

別の場所でも、見覚えのあるパン屋さんだと思って店に入ったら、光司の後輩の店だったことがあった。

「お世話になったみんなに、由水からお礼を言っておいてね」

光司がそう言って自分を導いているのかもしれない。小鴨はそう感じることがあるという。

元五輪代表選手が、競技とは全く関わりのない世界で営業職として働いている。メディアにとって、このインパクトは強かったようだ。

富国生命で保険外交員として働き始めると、その噂を知ったマスコミから取材の依頼が少しずつ入るようになる。

二〇一五年八月に、「日刊ゲンダイDIGITAL」で、「女子マラソンで日本記録　小鴨由水さんは指導&生保レディ」の記事で掲載されると、一一月にはTBSの情報バラエティ番組「爆報　THE　フライデー」で紹介された。

二〇一六年五月には『石橋貴明のスポーツ伝説……光と影』でも、「日の丸に翻弄された女性たちの壮絶人生」として、取り上げられた。この時は当時の映像を交えながら、三〇分以上にわたって大阪国際女子マラソンの優勝からバルセロナ五輪までのことが紹介され、小鴨もインタビューに応じている。

この番組にゲスト出演していた増田明美は、「小鴨さんは性格が優しすぎるのね。すごく純粋で素朴だから、監督から『(五輪)代表の三人に選ばれることは大変なことなんだ』とか、周りから『メダル取ってね』と言われると、全部この期待に応えないといけないって思う選手だから、どんどん追い込まれてね……」と声を詰まらせた。

二〇一八年四月からは、地元の西日本新聞の人気企画「聞き書きシリーズ」で「人生走快」の連載が始まった（二〇一八年四月二日～二〇一八年六月二五日）。取材で知り合い、小鴨を通して生命保険に入った記者との縁がきっかけだった。全七〇回にわたって連載された記事への反響も大きく、福岡でも小鴨の波瀾万丈の人生は広く知られるようになった。多くの苦難を乗り越え、前向きに生きている小鴨のことを知り、編集部には「勇気づけられた」「これからも頑張って欲しい」など、多くのハガキが寄せられた。

弟の小鴨渡は現在、地元明石の海産物を扱う会社の外販担当として全国の百貨店や商業施設を巡っている。福岡を訪れた際に姉と会う中で、ここ数年の印象についてこう語る。

「陸上をやっている時は、プレッシャーを感じながらずっと生きてきたけど今はもう吹っ切れた状態とでもいうか、怖いものなしなんじゃないですかね。そんな気がしますよ。旦那さんも亡くし、シングルマザー。ひと通りマラソンを通じて山も谷も経験しているじゃないですか。そうなるともう何も怖くないんじゃないですかね。少々のことで失敗しようが、乗り越えられる自分を持っている。だから、生き生きしているんじゃないんですかね。最近はそうした変化をすごく感じます」

出馬

全国のマラソン大会のゲストランナーや講演に加え、「九州ダックス」「かものこクラブ」などランニングを軸に活動の幅が広がるようになった小鴨は、これらの受け皿として二〇一六年六月に一般社団法人「Ｒ－ＷＡＮ」を設立した。

富国生命の仕事も、マネージャーの道を歩むか独立するか考える時期に来ていた。保険の仕事を中心に据えるなら、共に働くメンバーを採用し、マネージャーとして彼女たちをサポートしていく道もあった。ただ、ゲストランナーの依頼は途切れることなく続いており、「九州ダックス」や「かものこクラブ」、さらに西日本短期大学駅伝部の指導など、走ることとの縁はこの先も切れそうにない。

二〇一八年四月、小鴨は富国生命を退職した上で代理店契約を結んだ。走ることに軸を置きながら、保険の大切さも伝え続けていける道を選んだ。

「次の道が見えたのならそこに向かって欲しい。そして新しい道に進もうとすれば、一度区切りをつけないといけない。松永さんが笑顔になれる選択であれば、応援したい」

村上はそう言って送り出してくれた。

現在も週に一回程度は営業所に顔を出す。毎週のように出社する必要はないのだが、「今まで一緒に頑張ってきた人の顔も見たいというのもあるし、保険の内容も変わることもあるので、その情報収集も兼ねて」というのが、その理由だ。

「西日本新聞」の連載も終わりに近づいていた二〇一八年六月のある日、岩田屋時代の上司である中村明生から連絡があった。中村は「天神ランナーズクラブ」の会長であり、「福岡ランナーズネットワーク」という地元のランニングクラブの横断組織で事務局長を務めている。福岡マラソンの立ち上げにも尽力し、福岡マラソン実行委員会の委員でもあった。その中村の後輩である福岡市議会議員の江藤博美に一度会って欲しいという。

江藤は市議として五期を務める福岡市西区を基盤とする議員で、市議会では「市民参加のフルマラソンの実現を目指して！　福岡市議会議員連盟」の事務局長を務めるなど、マラソンとも関わりの深い議員であった。「西日本新聞」の連載を読んで感銘を受けた江藤は、小鴨と一度話をしたいと中村に持ち掛けていた。

初対面では、今後の福岡マラソンの在り方などについて意見を交わした。小鴨が「R－WAN」で行っている福祉関係の話にもなった。市議としていろんな立場の人から話を聞きたいのだろう。この日の対面をそう捉えていただけに、後日改めて受けた市議への出馬打診は青天の霹靂であった。

自分にはとても無理だ、直感的にそう思った。だが、先日の江藤との話を思い出すうちに考えが少し変わってきた。

『かものこクラブ』で知的障がいのある子の保護者の方と話をしていると、その子たちの就業先の話になります。そうなると行政との関わりがどうしても必要になってくる。私はこれまでランニングに関する活動を通じて、いろんな方の声を聞いてきました。だけどそれを実現したり、改善したりするためには、どこに持っていけばいいのかと考えた時に……はたと止まってしまうんです」

相談されれば小鴨なりにアドバイスはするが、現実問題として市や議会が動かないとどうにもならないことが多い。

「(市議を)やったらどうだと言われた時、そういう市民の声を市政の場に持っていけるかもしれない、と思いました。市議になるなんてことは自分では思いつかなかったですし、もしこの話が二、三年前だったら、今のように行政への関心も高くなかったと思います。ちょうど、いろいろと思うところが出てきた今のタイミングだったからこそ、受けてもいいのかな……と思えました」

富国生命の村上も話を聞いて驚いたが、その背中を押した。

「誰かの手を借りないと生きていけない人たちの力になりたい。夢と希望を与えたい。そんな思いを持ち続けているようでした。あなたならきっとできると伝えました」

かつて小鴨は、こんなことを言っていた。

「私の人生の岐路には、必ず誰かが声を掛けてくれ、いい方向に導いてくれるんですよ。これまで私は、その流れの中で生きてきたような気がします」

走ることの楽しさを教えてくれた荻野卓。五輪に導いてくれた鈴木従道。ダイハツ退社後、大学という受け皿を用意してくれた龍谷大学短期大学部の志水宏行。シティマラソン福岡での重松森雄との出会い。光司の交際を後押ししてくれた寮のおばちゃん。福岡市立障がい者スポーツセンターを紹介してくれたのは同じ職場で働くパートさんだった。ヤクルト、富国生命など働くことの楽しさを教えてくれたママ友たち。そして天国から導いてくれる光司……。

小鴨はそうした人たちとの出会いを大切にし、身を任せた。今回も流れに身を任せてみよう。そう思った。

折り返し地点

なぜ、彼女の周りには人が集まってくるのか。

ダイハツ時代のチームメート、藤村信子は言う。

「コガちゃんは何に対しても全力投球というか、真面目なんで全部やっちゃう。そして、優しいし思いやりもある。人はそんなコガちゃんを見ていると放っておけない。だから人が集まる。行くところ行くところ、何とかしてあげたいという思いを持った人が集まって、そこで一つの輪ができているように思います」

弟の渡の見解はこうだ。

「すべてにおいて無欲だからじゃないですか。お金だけじゃなくて、走ることに対しても。それから、人の悪口を言わないですね。僕らのように商売やっていたら、人のことをすごく悪く言うわけですよ。『あいつは、ああいうところがどうしようもないな』とか。自分のことは棚に上げて人のことをボロカス言っちゃうんです。それは自分でも悪いことやと分かっているんですが、どうしてもそういうノリで人と盛り上がってしまう。姉ちゃんはそういうことに一切興味がないというか、人の悪口を言って盛り上がるのが嫌いなんです」

営業パーソンとしての小鴨を見てきた村上里美の言葉も興味深い。

「松永さんをお手伝いしたい、お役に立ちたいという人が多いのは、彼女から受け取っているものが大きいからでしょう。松永さんが、松永さんらしく輝いていれば、自然と周りの人たちに何かを与えているように思います。初マラソンで優勝したことから始まり、神様がシナリオを準備して、松永さんが世の中の希望になるようにいろんなことを経験させてきた……。そう考えると、走ることはあの方の使命なんでしょうね。この先、どういう道を歩くのか分かりませんが、最終的にはもっと大きな場所に行くと思いますよ。富国生命で働いた三年半も、そのための経験の一つだと思います」

大阪での神懸かり的な快走も、小鴨が社会で大きな使命を果たしていくために神様が仕組

2011年大阪国際女子マラソンの表彰式で。左から千葉真子、小鴨由水、優勝した赤羽有紀子、有森裕子、増田明美

んだ演出だったという気さえしてくる。

三年の周期で動きつづける小鴨の人生。三年後、何に没頭しているのかは、恐らく本人にも分からない。一つ確かなことは〝走り続けていること〟だけだろう。

「また、サブスリーを狙いたいと思っているんですよ。体脂肪率は高校と同じくらいだし、三年ほど前には貧血も少しありましたが、今はそれもないんです」

ダイハツを退社して以降、小鴨は復帰を幾度も口にしながら結果が伴わなかった。五輪を目指す、と言うことを安易に口にすることも、そこに生活の全てを賭けている選手や指導者にとってみれば、軽薄だと映ったかもしれない。だが、小鴨はそうやって前に進んでいた。大言壮語だと思われようが、それが走るエネルギーになっているのであれば、そのことを周りがとやかく言うのはナンセンスであろう。

二〇一八年にはダイハツ陸上競技部の創部三〇年を祝うパーティが開かれ、かつての選手やマネージャーが集まった。

「今だから言えますが、私も含めて陸上部を円満な形で辞めた人はほとんどいなかったと思いますよ。それでも二〇年経つとみんなで集まって、当時を懐かしいと笑い合える。ママになった人が鈴木監督に、『子供を抱っこしてください』と楽しそうに話し掛ける。監督も、『あの頃はひどいことをしたよな。丼にひじきだもんな』と言いますしね。そうした光景を見ていると思うんです。その後の人生がある程度幸せだと思えれば、昔あったどんなことも、いい思い出になるんじゃないかと」

小鴨の人生のレースは、ようやく折り返し地点に差し掛かったところだ。ただ、人生がマラソンと違うところは、懸命に走れば走るほど、エネルギーが蓄積されていくということだ。これまでの経験と出会いを走る力に変え、小鴨はレースの後半に挑もうとしている。

エピローグ

取材で会う人は皆、小鴨のことをよく言った。当然のことかもしれない。取材ともなれば、その人を良く言うのが人情というものだ。「優しい」「芯が強い」「真面目」……おそらくそうなのだろうと思いながら、ただ何となく違和感もあった。完璧な人などいないからだ。

しかし、一人だけ例外がいた。ダイハツ時代の指導者・鈴木従道である。

鈴木は小鴨のことを一言たりとも褒めなかった。未熟なところを指摘しつつも、大阪を勝った時のことですら、その頑張りをたたえる言葉はなかった。同じダイハツの選手であった浅利純子や藤村信子ことは認めていても、小鴨のことは認めてない、そんな感じさえした。それも仕方ないことかとも思う。挫折もありながら鈴木について行き、世界の舞台で結果を残した二人に対し、小鴨は早々と鈴木のもとを去った選手である。

だが、その鈴木の頑なな姿勢の中に、小鴨というランナーの真実が隠されているようにも思えた。

勝つことに純粋に向き合う鈴木のような指導者や選手にとって、小鴨は異質な存在だったに違いない。せっかく手に入れた五輪切符を、未練なく辞退しようとする。「そんなときのために補欠がいるのではないのか」という思考は、多くの陸上関係者には理解が及ばないことだろう。与えられた仕事を確実に成し遂げるのがプロとするなら、その仕事を放棄する者にその資格はない。小鴨はマラソンのプロ、つまり仕事として走る世界に適応できなかった。

小鴨がトップランナーとして活躍できたのはダイハツ時代の三年足らずだ。「初マラソンを日本記録で優勝」「二〇歳での五輪出場決定」「五輪辞退騒動」「突然の引退会見」……一陣の風を巻き起こし、瞬く間に表舞台から姿を消した自身を「日本の陸上界を荒らして去っていった、そんな感じですもんね」と自嘲気味に振り返るが、当たらずとも遠からずと言ったところだろう。

ただ、小鴨は走ることに不誠実であったわけではない。むしろ、走ることに対しては真摯に向き合おうとした。違和感を抱えたまま走ることを、よしとしなかった。小鴨にとって、走ることは楽しくなければならなかった。走りたいと思った時に、走らない自分にも違和感があった。その結果、図らずも周りの仲間やパートナーを傷つけ、失望させ、道を違えることもあった。

走ることに対して嘘を付けなかった小鴨の日々が、笑顔に満ち溢れたものになっていることは、これまで紹介してきた通りだ。自分の好きなことを心から楽しんでいる小鴨の笑顔に誘われるように多くの人が集まり、彼らもまた笑顔になっていく。

なぜ、いつも楽しそうにしているのか、その背景を知りたいと思って始めた取材。自分が好きなことに邪心なく、存分に向き合えている充実感が笑顔となって溢れ出している、というのが僕なりの結論だ。そしてその笑顔は、周りの人たちをも温かな気持ちにさせ、その輪は広がり続けている。

多くの人に幸せを届けたい――おそらく小鴨自身は意識していないだろうが、そのゴールを目指して彼女は走り続けているように思う。（完）

光本宜史

小鴨由水（こかも・ゆみ）

一九七一年一二月二六日生まれ。兵庫県明石市出身。明石南高校卒業後、ダイハツ工業に入社。一九九二年一月の大阪国際女子マラソンで二時間二六分二六秒の日本最高記録（当時）で優勝。同年八月のバルセロナ五輪では二九位。一九九四年四月、龍谷大学短期大学部社会福祉科に入学。一九九六年四月、岩田屋に入社、競技に復帰する。一九九九年六月、女子駅伝部の休部を受けて岩田屋を退社。福岡市立障がい者スポーツセンター運動指導員、西日本短期大学健康スポーツコミュニケーション学科非常勤講師、富国生命保険外交員などを勤める。知的障がい者・発達障がい者を対象としたランニング教室「かものこクラブ」、ランニング教室「九州ダックス」を主宰。二〇一六年には一般社団法人「R‐WAN」を設立し、スポーツイベント講師、食育の普及、市民マラソンのゲストランナーなど幅広く活動している。二児の母。

参考文献

「人生走快」（「西日本新聞　聞き書きシリーズ」二〇一八年四月二日～二〇一八年六月二五日、西日本新聞社）
『金メダルを掛けたアヒルさん　浅利純子の青春』（中島祥和著、報知新聞社、一九九四年）
『走れ、藤村』（藤村信子著、長征社、一九九九年）
『歓声から遠く離れて　悲運のアスリートたち』（中村計著、新潮文庫、一九九三年）
『カントク』（奥田益也著、家の光協会、一九九六年）
『死んでも「アイツ」に勝ちたかった　松野明美（アサ芸プラス、二〇一二年）
『NNNドキュメント　50センチの温もり　ブラインドランナー道下美里』（二〇一四年二月一〇日）
『福岡からパラリンピック選手を！　マラソンを通して感動を分ち合いたい』（データ・マックス、二〇一六年）

本文写真提供・小鴨由水

光本宣史（みつもと・たかふみ） 1972年5月13日生まれ。北九州市出身。西南学院大学法学部卒業後、地域経済誌、広告マーケティング専門誌を経て2014年4月にフリーランスの編集者・ライターとして独立。福岡を中心に地域経済、スポーツなどの分野で執筆を行う。

幸せを届けに
五輪ランナー・小鴨由水　もう一つのゴール
■
2019年3月15日　第1刷発行
■
著者　光本宣史
発行者　杉本雅子
発行所　有限会社海鳥社
〒812－0023　福岡市博多区奈良屋町13番4号
電話092（272）0120　FAX092（272）0121
http://www.kaichosha-f.co.jp
印刷・製本　九州コンピュータ印刷
ISBN978-4-86656-045-8
［定価は表紙カバーに表示］